Wolfgang Halm   Miguel Moreno Pacheco

Sätze aus dem Alltagsgespräch

deutsch – spanisch

Frases de conversación

alemán – español

W0247501

Max Hueber Verlag

| 13. 12. | Die letzten Ziffern |
| 2003 02 01 | bezeichnen Zahl und Jahr des Druckes. |

Alle Drucke dieser Auflage können, da unverändert, nebeneinander benutzt werden.

4. Auflage 1978
© 1968 Max Hueber Verlag, D-85737 Ismaning
Umschlaggestaltung: Wolfgang A. Taube, München
Druck und Bindung: Ludwig Auer GmbH, Donauwörth
Printed in Germany
ISBN 3-19-004017-6

Lieber Leser,

wenn Sie dieses Büchlein schon gekauft haben, dann wissen Sie wohl warum, und ich brauche Ihnen nicht mehr zu sagen, wofür es gut ist. Wenn Sie aber erst zweifelnd in der Buchhandlung stehen und überlegen, ob Ihnen das Ding die paar Mark wert ist, kann ich Ihnen ein bißchen helfen.

In einer ganz normalen, alltäglichen Unterhaltung in der Fremdsprache – ganz gleich, ob Sie Anfänger oder Fortgeschrittener sind oder nach längerer Unterbrechung wieder einmal ins Ausland fahren – spüren Sie selbst und die andern auch, daß Sie sich nicht ganz „normal" ausdrücken, daß Ihnen für bestimmte einfache Situationen der richtige Satz fehlt, daß es vielleicht sogar zu Mißverständnissen kommt ... Stecken Sie das Büchlein in die Tasche, lesen Sie öfter mal hier zehn Sätze, dort zehn Sätze, und Sie werden sehen, wie Sie sich bald bei Ihren einfachen Gesprächen und beim Schreiben von Privatbriefen leichter tun.

Sind Sie aber Lehrer (wie ich), dann schlage ich Ihnen vor, Ihren Schülern das Büchlein zur Vorbereitung von kleinen Gesprächs-, Brief- und Aufsatzübungen zu empfehlen. Aus solchen Übungen heraus ist nämlich das Büchlein entstanden. Es kann das Auftreten „typischer Fehler" von vornherein etwas einschränken und damit die Stunde für Lehrer und Schüler noch angenehmer und gewinnbringender werden lassen.

Noch etwas: Nicht immer gibt es für einen typischen Satz der einen Sprache einen entsprechenden in der anderen. Wenn ein Satz *kursiv* gedruckt ist, heißt das, daß er zwar das gleiche bedeutet wie der gegenüberstehende Satz in der anderen Sprache, aber nicht so typisch ist und daher auch nicht so oft gebraucht wird. Abgesehen von diesen Ausnahmen sind aber alle Sätze *in beiden Sprachen* idiomatisch so richtig, daß das Büchlein zum Spanischlernen ebenso gut verwendet werden kann wie zum Deutschlernen.

Daß wir bei Preisen, Maßen und Gewichten nicht umgerechnet haben, sondern in jeder Sprache eben das dort Übliche und Normale sagen, versteht sich wohl in diesem Zusammenhang von selbst.

Viel Erfolg!   Wolfgang Halm

Querido lector:

Si ha comprado ya este libro, sabe por qué y no necesito explicarle cuál es su fin. Pero si aún está en la librería y se pregunta si vale la pena gastarse lo que cuesta, puedo ayudarle un poco.

Al mantener en un idioma extranjero una conversación normal de la vida diaria – tanto si es principiante como adelantado o si vuelve al extranjero después de una ausencia bastante larga – Vd., y los demás, se darán cuenta de que no se expresa de manera del todo «normal», que para una situación concreta le falta la expresión apropiada, o que incluso se producen malentendidos... Métase el librito en el bolsillo, lea a menudo 10 frases de aquí y 10 de allí y pronto verá como le resulta más fácil sostener una conversación sencilla y escribir cartas particulares.

Pero si es profesor (como yo), le propongo que recomiende el librito a sus alumnos para que preparen pequeños ejercicios de conversación, de redacción de cartas y de composición. El librito ha surgido con tales ejercicios. De antemano, puede limitar algo las «faltas típicas» y hacer así la clase más agradable y provechosa para profesor y alumnos.

Otra cosa: no siempre existe para una frase típica de un idioma un equivalente en el otro. Si una frase está impresa en *cursiva,* significa que quiere decir lo mismo que la frase de enfrente en el otro idioma, pero que no es tan típica y por eso no se emplea tanto. Pero prescindiendo de estas excepiones, todas las frases son tan correctas idiomáticamente *en ambos idiomas,* que el librito puede utilizarse tanto para aprender español como alemán.

Se comprenderá que en tal contexto no hayamos calculado los precios medidas y pesos en el otro idioma, sino que digamos en cada uno lo corriente y normal allí.

Mucho éxito le desea

Wolfgang Halm

Inhaltsverzeichnis

Indice de materias

Gruß, Begrüßung	Saludo
1 Guten Morgen.	1 Buenos días.
2 Guten Tag.	2 Buenos días. Buenas tardes (después de comer).
3 Guten Abend.	3 Buenas noches.
4 Gute Nacht.	4 Buenas noches.
5 Wie geht's?	5 ¿Qué tal? ¿Cómo está Vd.?
6 Danke.	6 Gracias.
7 Danke, es geht.	7 (Vamos) tirando.
8 Danke, gut.	8 Bien, gracias.
9 Und Ihnen?	9 ¿Y Vd.?
10 Bis nachher.	10 Hasta luego.
11 Bis morgen.	11 Hasta mañana.
12 Alles Gute!	12 ¡Que le vaya bien!
13 Gute Fahrt!	13 ¡Buen viaje!
14 Viel Vergnügen!	14 ¡Que se divierta!

Kurzsätze	Frases cortas
1 Nein, danke.	1 No, gracias.
2 Bitte.	2 Por favor.
3 Ja, bitte.	3 Sí, haga el favor.
4 Danke. Vielen Dank!	4 Gracias. Muchas gracias.
5 Bitte.	5 De nada.
6 Verzeihung! Entschuldigen Sie!	6 ¡Perdón! ¡Disculpe!
7 Wie bitte?	7 ¿Cómo? ¿Cómo ha dicho?
8 Aha. Ich verstehe.	8 Ah ya, comprendo.
9 Richtig. Stimmt.	9 Exacto. Cierto. Es verdad.
10 Natürlich. Klar.	10 Naturalmente. Pues claro.
11 Einverstanden.	11 De acuerdo. Conforme.
12 In Ordnung.	12 Está bien. De acuerdo.
13 Eben!	13 ¡Precisamente! ¡Justamente! ¡Claro!
14 Na also!	14 ¿Lo ves? ¿Te das cuenta?
15 Na endlich!	15 ¡Por fin! ¡Ya era hora!

16	Fein.	16	Estupendo.
17	Gern.	17	Con mucho gusto.
18	Na ja...	18	Bueno, déjalo. ¡Qué le vamos a hacer...! En fin...
19	Ach so...!	19	¡Ah, ya caigo! ¡Ahora comprendo! ¡Ah, bueno!
20	Eigentlich nicht.	20	En realidad, no.
21	Eigentlich schon.	21	A decir verdad, sí.
22	Ungern.	22	Si no hay más remedio...
23	Wenn es sein muß.	23	Si no queda más remedio...
24	So ungefähr.	24	Sí, más o menos. Eso aproximadamente.
25	Nein, nicht ganz so.	25	No, no es exactamente eso.
26	Hoffentlich.	26	Esperemos que sí. Espero que sí.
27	Hoffentlich nicht.	27	Esperemos que no. Espero que no.
28	Keine Sorge!	28	¡No se preocupe! ¡No te preocupes!
29	Ach wie dumm!	29	¡Qué mala suerte!
30	Macht nichts.	30	No importa.
31	Leider. Es tut mir leid.	31	Desgraciadamente. Lo siento.
32	Schade!	32	¡Lástima!
33	Nichts zu ändern!	33	¡Qué le vamos a hacer!
34	Abgesehen davon!	34	Aparte de eso.
35	Keine Spur!	35	¡Qué va!
36	Und ob!	36	¡Y cómo! ¡Ya lo creo!
37	Und wenn schon!	37	¡Y qué! Y a mí, ¿qué?
38	Na, und?	38	Bien, ¿y qué? Bueno, ¿y qué?
39	Was geht das mich an?	39	¡Y a mí, qué me importa!

Hinweise

1	Achtung! Vorsicht!
2	Ziehen!
3	Drücken!

Advertencias

1	¡Atención! ¡Cuidado!
2	¡Tirar!
3	¡Empujar!

4	Frisch gestrichen.	4	Recién pintado.
5	Rauchen verboten.	5	Prohibido fumar. Se prohibe fumar.
6	Eingang.	6	Entrada.
7	Ausgang.	7	Salida.
8	Einwurf DM 1,– (sprich: eine Mark).	8	Introducir una peseta.

Sätze für 1000 Gespräche		*Frases para mil conversaciones*	
1	Ich bin sicher.	1	Estoy seguro.
2	Ich nehme es an.	2	Supongo.
3	Ich bin nicht ganz sicher.	3	No estoy del todo seguro. No lo sé seguro.
4	Ich weiß es nicht.	4	No lo sé.
5	Woher soll ich denn das wissen?	5	¿Cómo voy a saberlo?
6	Keine Ahnung.	6	Ni idea.
7	Ich verstehe schon.	7	Entiendo. Ya comprendo.
8	Ich kann mir das gut vorstellen.	8	Me lo imagino.
9	Ich erinnere mich. Ich erinnere mich daran.	9	Ya recuerdo. Me acuerdo.
10	Ich denke ja. Ich glaube schon.	10	Creo que sí.
11	Ich glaube nicht.	11	Creo que no.
12	Das will ich nicht sagen!	12	No precisamente eso, pero ...
13	Das habe ich nicht gesagt!	13	No he dicho eso.
14	Ich meinte etwas anderes.	14	Quería decir otra cosa.
15	Abwarten! Mal abwarten.	15	¡Ya veremos! ¡Ya verá!
16	Mal sehen.	16	¡Ya veremos!
17	Wenn Sie wollen.	17	¿Si quiere?
18	Wie Sie wollen.	18	Como quiera.
19	Wann Sie wollen.	19	Cuando quiera.
20	Wie es Ihnen am besten paßt.	20	Como mejor le parezca/le convenga.

21	Es macht mir gar nichts aus.	21	No me importa lo más mínimo/en absoluto.
22	Ich habe nichts dagegen.	22	No tengo nada que objetar/nada en contra.
23	Ich hätte nichts dagegen.	23	No me importaría. No tendría inconveniente.
24	Ich denke dran. Ich vergesse es nicht.	24	Pienso en ello. No lo olvido.
25	Ich muß es mir noch überlegen.	25	Tengo que pensármelo aún.
26	Sie können sich's ja überlegen.	26	Puede pensárselo.
27	Ich mache mich gleich dran.	27	Me voy a ocupar inmediatamente de ello.
28	Sie können sich darauf verlassen.	28	Puede estar seguro. Puede contar con ello.
29	Ich verlasse mich darauf!	29	Confío en ello. Me fío de Vd.
30	Mal sehen, was sich machen läßt.	30	Veremos lo que se puede hacer.
31	Das muß sich erst zeigen. Das wird sich zeigen.	31	Habrá que ver aún. Ya veremos.
32	Man kann noch nichts sagen.	32	No se puede hablar todavía. No se puede decir nada aún.
33	Vielleicht ist es gar nicht mehr nötig.	33	Quizá/tal vez ya no sea necesario. A lo mejor ya no se necesita.
34	Ich werde mich mal danach erkundigen.	34	Me enteraré. Me informaré.
35	Ich wollte nur mal fragen.	35	Sólo quería preguntar.
36	Ich wüßte es gern. Ich hätte es gern gewußt.	36	Quisiera saberlo. Me gustaría saberlo.
37	Ich dachte nur ...	37	Creía que ...
38	Ich glaube nicht, daß ich mich täusche/irre.	38	No creo equivocarme.

39 Vielleicht verwechseln Sie es mit etwas anderem.	39 Tal vez lo confunda con otra cosa.
40 Ich habe das mit etwas anderem verwechselt.	40 Lo he confundido con otra cosa.
41 Das kommt vor. Das kann passieren.	41 Eso pasa.
42 Das kann schon sein.	42 Es (muy) posible.
43 Was ist schon dabei!	43 ¡Qué tiene de particular!
44 Was haben Sie davon? Das hat keinen Sinn.	44 ¿De qué le sirve? No tiene objeto.
45 Es wäre natürlich schön!	45 Naturalmente que sería bonito.
46 Das kommt aufs gleiche heraus.	46 Viene a ser lo mismo.
47 Eben!	47 ¡Claro! ¡Desde luego! ¡Por eso decía yo!
48 Das sage ich ja die ganze Zeit!	48 ¡Es lo que estoy diciendo todo el rato!
49 Das habe ich schon immer gesagt!	49 ¡Siempre lo había dicho!
50 Sie werden noch an mich denken!	50 ¡Se acordará de mí!

Positive Meinung (vgl. Personenbeschreibung S. 24)	*Opinión favorable (véase: Descripción de personas p. 24)*
1 Das Armband ist hübsch.	1 La pulsera es bonita.
2 Es gefällt mir gut.	2 Me gusta mucho.
3 Ich finde es sehr schön.	3 La encuentro muy bonita.
4 Ich finde es reizend.	4 La encuentro preciosa.
5 Ich mag es furchtbar gern.	5 Me gusta con delirio. ¡Me encanta!
6 Ich liebe diese Dinge.	6 Me gustan estas cosas.
7 Er hat ganz recht.	7 Tiene/lleva toda la razón.
8 Das hat er gut gemacht. Das hat er richtig gemacht.	8 Lo ha hecho bien.

9 Er hätte nichts Besseres tun können.	9 No hubiese podido hacer nada mejor.
10 Ich kann ihn gut verstehen.	10 Le comprendo bien.
11 Ich kann das sehr gut verstehen.	11 Lo comprendo perfectamente.

Negative Meinung (vgl. Personenbeschreibung S. 24)	*Opinión desfavorable (véase: Descripción de personas p. 24)*
1 Das Armband ist häßlich.	1 La pulsera es fea.
2 Es ist nichts wert.	2 No vale nada.
3 Ich finde nichts dran.	3 No la encuentro nada extraordinaria.
4 Es gibt viel hübschere Dinge.	4 Hay cosas mucho más bonitas.
5 Ich kann nichts damit anfangen.	5 No me dice nada. No me seduce.
6 So etwas Dummes!	6 ¡Qué mala suerte!
7 Wie kann er das nur tun! Wie kann er nur so was machen!	7 ¡Cómo se le ha ocurrido hacer eso!
8 Das hätte er nicht tun sollen!	8 ¡No debía haberlo hecho!
9 Das war ein großer Fehler von ihm!	9 ¡Ha cometido un gran error!
10 Der weiß ja gar nicht, was er tut!	10 ¡No sabe lo que se hace!
11 Ich hätte das an seiner Stelle nie gemacht!	11 ¡Nunca lo hubiera hecho en su lugar!
12 Das hat er sich nicht richtig überlegt.	12 No se lo ha pensado bien.

Ausdruck der Zufriedenheit	*Expresiones de contento*
1 Wie geht's? Wie geht es Ihnen?	1 ¿Qué tal? ¿Cómo está Vd.?
2 Ausgezeichnet. Es geht mir ausgezeichnet.	2 Estupendamente. Me va fantásticamente.
3 Ich kann wirklich nicht klagen.	3 No puedo quejarme.

4 Wir sind alle gesund, was will man mehr?	4 Todos gozamos de salud, ¿qué más se puede pedir?
5 Es geht vorwärts mit der Arbeit.	5 El trabajo marcha.
6 Die Arbeit macht mir Spaß.	6 El trabajo me gusta.
7 Bis jetzt geht alles recht gut.	7 Hasta ahora todo va sobre ruedas.
8 Ich habe schon eine ganze Menge erreicht.	8 Ya he conseguido mucho/un montón de cosas.

*Unzufriedenheit,
unerfüllte Wünsche*

*Descontento,
deseos insatisfechos*

1 Wie geht's? Wie geht es Ihnen?	1 ¿Qué tal? ¿Cómo está Vd.? ¿Cómo le va?
2 Es geht. Es könnte besser gehen.	2 Bah, tirando. Podía ir mejor.
3 Ich weiß nicht, was mit mir los ist.	3 No sé lo que me pasa.
4 Ich bin deprimiert.	4 Estoy deprimido.
5 Ich fühle mich gar nicht wohl.	5 No me siento nada bien.
6 In letzter Zeit geht alles schief.	6 Ultimamente todo sale al revés.
7 Ich bringe nichts fertig.	7 No consigo hacer nada.
8 Ich habe zuviel Arbeit. Ich bin überarbeitet.	8 Tengo demasiado trabajo. Estoy agotado.
9 Ich habe Ärger mit dem Chef.	9 Tengo líos con el jefe.
10 Es kommt immer alles auf einmal!	10 Todo se presenta de una vez. Todo se junta.
11 Wenn ich nicht alles selbst machen müßte!	11 ¡Si no tuviese que hacerlo yo todo!
12 Wenn ich wenigstens mehr Zeit für meine Familie hätte!	12 ¡Si al menos tuviese más tiempo para mi familia!

| 13 | Wenn das dumme Geld nicht wäre! | 13 | Si no fuese por el maldito dinero! |
| 14 | Ich sitze ziemlich in der Klemme. | 14 | Estoy en un verdadero apuro. |

Reihenfolge — *Orden*

1	Zuerst gehe ich einkaufen.	1	Primero voy a la compra/de compras.
2	Dann gehe ich in die Stadt.	2	Después iré a la ciudad.
3	Anschließend esse ich zusammen mit meiner Freundin.	3	Seguidamente comeré con mi amiga.
4	Nachher gehen wir vielleicht ins Kino.	4	A continuación quizá vayamos al cine.
5	Später trinken wir bei mir Tee.	5	Después tomaremos té en mi casa.
6	Am Anfang wollte ich ihr nichts von meinen Plänen sagen.	6	Al principio no quería decirle nada de mis planes.
7	Am Schluß habe ich es ihr doch gesagt.	7	Pero al final se lo he dicho.
8	Das Wichtigste ist die Gesundheit.	8	Lo más importante es la salud.
9	Vor allem mußt du an deine Familie denken!	9	¡Ante todo tienes que pensar en tu familia!

Vergleiche — *Comparaciones*

1	Sein Haus ist so groß wie unseres.	1	Su casa es tan grande como la nuestra.
2	Es ist sogar etwas größer als das unsere.	2	Es incluso algo más grande que la nuestra.
3	Es ist nicht so klein wie deines.	3	No es tan pequeña como la tuya.
4	Es ist viel hübscher, als ich gedacht hatte.	4	Es mucho más bonita de lo que había pensado.

14

5 Sein Bruder ist viel älter als er.

5 Su hermano es mucho más viejo/mucho mayor que él.

6 Er ist ein kleines bißchen größer als sein Bruder.

6 Es un poquito más alto que su hermano.

7 Er ist nicht ganz so groß wie du.

7 No es tan alto como tú.

8 Er ist bei weitem nicht so groß wie dein Bruder.

8 No es ni con mucho tan alto como tu hermano.

Grade

1 Die Prüfung war unheimlich schwierig / enorm schwierig / außerordentlich schwierig
2 sehr schwierig
3 recht schwierig
4 schwierig
5 ziemlich schwierig / gar nicht so leicht
6 gar nicht so schwierig / ziemlich leicht
7 leicht
8 recht leicht
9 ganz leicht
10 sehr leicht
11 kinderleicht
12 wirklich kinderleicht

Grados

1 El examen ha sido sumamente difícil / extraordinariamente difícil / dificilísimo
2 muy difícil
3 dificilillo
4 difícil
5 bastante difícil / nada fácil
6 nada difícil / bastante fácil
7 fácil
8 facilito
9 bastante fácil
10 muy fácil
11 cosa de niños
12 francamente cosa de niños

Mengen

1 Wieviel?
2 Ich trinke eine Tasse Kaffee,
3 eine Flasche Wein,
4 ein Glas Wasser,
5 einen Kognak, einen doppelten Whisky.

Cantidades

1 ¿Cuánto?
2 Tomo una taza de café,
3 una botella de vino,
4 un vaso de agua,
5 un coñac, un whisky doble.

6	Ich esse ein Brot, eine Scheibe Brot,	6	Como un pan, una rebanada (un trozo) de pan,
7	eine Tafel, ein Stückchen Schokolade,	7	una tableta, un trocito de chocolate,
8	einen halben Apfel,	8	media manzana,
9	ein paar Scheiben Wurst,	9	unas rodajas de embutido / salchichón,
10	ein Stück Fleisch, ein Riesenstück Fleisch.	10	un trozo de carne, un trozo enorme de carne.
11	Ich kaufe einen Sack Kartoffeln,	11	Compro un saco de patatas,
12	einen Kasten Bier,	12	una caja de cerveza,
13	einen halben Liter Milch,	13	medio litro de leche,
14	eine Zweiliterflasche Wein, eine Kiste Wein,	14	una botella de vino de dos litros, una caja de vino,
15	ein Dutzend Eier,	15	una docena de huevos,
16	eine Schachtel Zigaretten.	16	un paquete de cigarrillos.

Maße, Gewichte

Medidas, pesos

1	Ich brauche drei Meter Stoff.	1	Necesito tres metros de tela.
2	Ich brauche hier dreißig Zentimeter Tesafilm.	2	Necesito aquí treinta centímetros de papel cel-lo.
3	Der Tisch ist 1,20 (einen Meter zwanzig) lang, achtzig breit und siebzig hoch.	3	La mesa tiene 1,20 (un metro veinte) de largo, ochenta de ancho y setenta de alto.
4	Der Schrank ist eins fünfunddreißig breit, achtzig tief und zwei zehn hoch.	4	El armario tiene uno treinta y cinco de ancho, ochenta de profundidad y dos diez de alto.
5	Der Schinken wiegt über zwei Kilo: vier Pfund und hundert Gramm.	5	El jamón pesa más de dos kilos: dos kilos y cien gramos.

Geld

Dinero

1	Was kostet das? Wieviel kostet das?	1	¿Qué vale (esto)? ¿Cuánto cuesta (esto)?

2 Ich kann nicht soviel ausgeben.	2 No puedo gastar tanto.
3 Das kann ich mir nicht leisten.	3 No puedo permitirme eso. No puedo permitirme ese lujo.
4 Das ist eine ganze Menge Geld/ ein Haufen Geld.	4 Eso es un montón de dinero.
5 Ich muß jetzt sparen, sonst komme ich nicht aus.	5 Tengo que ahorrar ahora, si no (o: de lo contrario) no me llega.
6 Ich brauche nicht viel zum Leben.	6 No necesito mucho para vivir.
7 Ich habe nicht soviel dabei.	7 No llevo tanto encima.
8 Sie können ja anzahlen.	8 Puede dar una entrada.
9 Können Sie mir etwas leihen/ borgen?	9 ¿Puede prestarme algo?
10 Ich kaufe nicht gern auf Raten.	10 No me gusta comprar a plazos.
11 Können Sie wechseln?	11 ¿Puede cambiarme?
12 Ich kann Ihnen nicht herausgeben.	12 No puedo darle las vueltas.
13 Können Sie es nicht recht machen?	13 ¿No puede arreglarlo?
14 Ich habe es leider nicht klein.	14 Lo siento, pero no tengo pequeño.
15 Wie hoch steht die Mark?	15 ¿A cómo está el marco?
16 Der Kurs ist zur Zeit ganz gut.	16 Ahora el cambio es bastante ventajoso.

Zeit	*La hora y el tiempo*
1 Wieviel Uhr ist es? Wie spät ist es?	1 ¿Qué hora es?
2 Es ist eins/ein Uhr, viertel nach eins.	2 Es la una, la una y cuarto.
3 Halb zwei. Es ist halb.	3 Es la una y media. Es la media.
4 Dreiviertel zwei. Es ist viertel vor zwei.	4 Son las dos menos cuarto.

5	Es ist fünf vor halb zwei. Es ist fünf vor halb.	5	Es la una y veinticinco. Son y veinticinco.
6	Es ist zehn nach halb vier. Es ist zehn nach halb.	6	Son las cuatro menos veinte. Son menos veinte.
7	Wie spät haben Sie? Haben Sie genaue Zeit?	7	¿Qué hora tiene? ¿Tiene hora exacta?
8	Die Uhr geht vor. Die Uhr geht nach.	8	El reloj se adelanta/va adelantado. El reloj se atrasa/va atrasado.
9	Um wieviel Uhr? Wann?	9	¿A qué hora? ¿Cuándo?
10	Um eins. Um Punkt eins.	10	A la una. A la una en punto.
11	Vor sechs. Gegen sechs. Bis spätestens sechs.	11	Antes de las seis. Hacia las seis, a eso de las seis. Hasta las seis lo más tarde.
12	Nach sieben. Nicht vor sieben. Ab sieben.	12	Después de las siete. No antes de las siete. A partir de las siete.
13	Was ist heute? Was haben wir heute (für einen Tag)?	13	¿Qué es hoy? ¿Qué día es hoy?
14	Der wievielte ist heute?	14	¿A cuántos estamos hoy?
15	Heute ist der zehnte.	15	Hoy estamos a diez.
16	Wann?	16	¿Cuándo?
17	Vorgestern, gestern, heute, morgen, übermorgen.	17	Anteayer, ayer, hoy, mañana, pasado mañana.
18	Heute abend.	18	Esta noche.
19	Gestern vormittag.	19	Ayer por la mañana.
20	Morgen nachmittag.	20	Mañana por la tarde.
21	Am Vormittag, am Nachmittag, am Abend, in der Nacht.	21	Por la mañana, por la tarde, por la noche.
22	Im Frühjahr/Frühling.	22	En primavera.
23	Im Sommer. Im Hochsommer.	23	En verano. En pleno verano.
24	Im Herbst. Im Frühherbst. Im Spätherbst.	24	En otoño. A comienzos del otoño. A fines del otoño.

25	Im Winter. Mitten im Winter.	25	En invierno. En pleno invierno.
26	Ich traf ihn vergangenes Jahr/ letztes Jahr.	26	Lo encontré el año pasado.
27	Ich traf ihn dieses Jahr. Ich habe ihn heuer getroffen.	27	Lo encontré este año. Lo he encontrado este año.
28	Ich sehe ihn nächstes Jahr wieder.	28	Lo veré otra vez el año que viene.
29	Wir fahren morgen in acht Tagen.	29	Nos marcharemos de mañana en ocho días.
30	Er kommt morgen in vierzehn Tagen nach.	30	Viene de mañana en quince días.
31	Er war kürzlich/neulich bei uns.	31	Estuvo recientemente/hace poco en nuestra casa.
32	Er war vor drei Wochen hier.	32	Estuvo aquí hace tres semanas.
33	Er war gestern vor 14 Tagen bei uns.	33	Ayer hizo quince días que estuvo en nuestra casa.
34	Ich habe ihn seit vierzehn Tagen nicht gesehen.	34	Hace quince días que no le he visto.
35	Ich habe ihn seit damals/seitdem nicht gesehen.	35	Desde entonces no le he visto.
36	Ich habe ihn ewig lang nicht gesehen.	36	Hace una eternidad que no le veo.
37	Das ist schon lange her.	37	Hace mucho tiempo de eso.
38	Früher war das alles ganz anders.	38	Antes era todo muy distinto.
39	Heute hat man viel mehr Möglichkeiten.	39	Actualmente se tienen muchas más posibilidades.
40	Heutzutage spielt das keine so große Rolle mehr.	40	Hoy en día eso ya apenas si tiene importancia.
41	Das eilt nicht. Das hat Zeit.	41	Esto no corre prisa. Hay tiempo.
42	Lassen Sie sich ruhig Zeit!	42	¡Tómese tiempo!

43	Nur nichts überstürzen!	43	¡No precipitar los acontecimientos!
44	Wir sind ja noch früh dran.	44	Venimos con tiempo suficiente Tenemos tiempo suficiente.
45	Wir haben noch genug Zeit, um alles zu erledigen.	45	Tenemos aún tiempo suficiente para hacer todo.
46	Es ist Zeit zu gehen.	46	Es hora de irse.
47	Ich möchte nicht zu spät kommen.	47	No quisiera llegar tarde.
48	Tut mir leid, daß ich so spät komme.	48	Siento llegar tan tarde.
49	Es ist leider sehr spät geworden.	49	Desgraciadamente se ha hecho muy tarde.
50	Wann fängt es an? Wann geht es los?	50	¿Cuándo empieza/comienza?
51	Ist es noch nicht zu Ende? Ist es noch nicht aus?	51	¿No ha terminado/acabado aún?
52	Wie lange brauchen Sie? Ich darf keine Zeit verlieren.	52	¿Cuánto tardará? No puedo perder tiempo.
53	Ich bin gleich fertig. Sie können drauf warten.	53	Termino en seguida. Puede esperar.
54	Es dauert nicht lange.	54	No tardará mucho.
55	Ich kann inzwischen etwas anderes erledigen.	55	Entretanto puedo hacer otra cosa.
56	Man muß die Zeit ausnützen.	56	Hay que aprovechar el tiempo.
57	Ich werde mir die Zeit schon vertreiben.	57	Ya pasaré el tiempo.
58	Ich werde die Zeit schon irgendwie totschlagen.	58	Mataré el tiempo de alguna manera.

Farben *Colores*

1	hellblau, hellgrün, hellgrau, hellbraun	1	azul claro, verde claro, gris claro, marrón claro

2 dunkelrot, dunkelgrün, dunkelblau, dunkelbraun	2 rojo oscuro, verde oscuro, azul oscuro, marrón oscuro
3 rötlich, bläulich, gelblich.	3 rojizo, azulado, amarillento.
4 Er hat graublaue Augen.	4 El tiene ojos azul plomizo.
5 Er trägt ein rotkariertes Hemd.	5 El lleva una camisa a cuadros rojos.
6 Sie hat eine hübsche rot-weiß gestreifte Bluse.	6 Ella tiene una blusa a rayas rojas y blancas muy bonita.
7 Ich fotografiere immer schwarz-weiß.	7 Siempre fotografío en blanco y negro.

Verabredung / Cita

1 Wann können wir uns sehen/ treffen?	1 ¿Cuándo podemos vernos/ encontrarnos?
2 Ich kann mich morgen frei machen.	2 Mañana puedo sacar tiempo.
3 Morgen abend wäre ich frei.	3 Mañana por la noche tendría libre.
4 Ich kann es mir einrichten.	4 Puedo prepararlo todo.
5 Wann paßt es Ihnen am besten?	5 ¿Cuándo le viene mejor?
6 Wann es Ihnen paßt.	6 Cuando le venga bien.
7 Ich richte mich ganz nach Ihnen.	7 Lo haré como a Vd. le convenga.
8 Wie wäre es morgen mittag?	8 ¿Qué tal mañana al mediodía?
9 Wir könnten zusammen essen.	9 Podríamos comer juntos.
10 Also, bleibt's dabei?	10 ¿Quedamos en eso?
11 Ich kann nächste Woche leider nicht.	11 Desgraciadamente la semana que viene no puedo.
12 Vielleicht ein andermal.	12 Quizá otra vez.
13 Es ergibt sich sicher eine Gelegenheit.	13 Ya tendremos oportunidad.
14 Sagen Sie bitte Herrn M., ich erwarte ihn morgen.	14 Diga, por favor, al Sr. M. que le espero mañana.

15	Sagen Sie bitte Herrn M., ich komme um 5 vorbei.	15	Por favor, diga al Sr. M. que vendré a las cinco.
16	Ich soll Ihnen ausrichten, daß Herr A. Sie erwartet.	16	El Sr. A. ha llamado y dice que le espera.
17	Ich soll Ihnen bestellen, daß Herr A. um 5 vorbeikommt.	17	El Sr. A. ha llamado y dice que vendrá a las cinco.
18	Ich habe Herrn M. leider nicht angetroffen.	18	Desgraciadamente no he encontrado al Sr. M.
19	Ich war angemeldet, aber er mußte plötzlich weg.	19	Yo estaba anunciado, pero él tuvo que marcharse de repente.
20	Er war in einer Sitzung.	20	Estaba en una reunión (junta/ sesión).
21	Er mußte zu einer dringenden Besprechung.	21	Tuvo que ir a una entrevista urgente.
22	Ich habe bei seiner Sekretärin hinterlassen, wo er mich erreichen kann.	22	He indicado a su secretaria dónde puede encontrarme.
23	Ich habe hinterlassen, er möchte mich im Hotel anrufen.	23	He dado recado de que me llame (por teléfono) al hotel.
24	Seine Sekretärin gibt ihm Bescheid.	24	Su secretaria le dirá.

Einladung

1	Kommen Sie doch mal vorbei! Kommen Sie doch mal zu uns!	1	¡Lléguese por casa alguna vez! ¡Venga a nuestra casa!
2	Es wäre nett, wenn Sie am Sonntag kommen könnten.	2	Nos alegraríamos de que pudieran venir el domingo.
3	Sie bringen doch Ihre Frau mit?	3	Naturalmente vendrá con su mujer, ¿no?
4	Wir kommen gern, aber nach dem Essen.	4	Vendremos con mucho gusto, pero después de comer.
5	Ich möchte nicht, daß Ihre Frau sich soviel Arbeit macht.	5	No quisiera que su esposa se lleve tanto trabajo.

Invitación

6 Mein Gott, die schönen Blumen!	6 ¡Ay, qué flores más maravillosas!
7 Das wäre wirklich nicht nötig gewesen. Aber, warum haben Sie sich solche Umstände gemacht?	7 Pero, ¿por qué se ha molestado Vd.?
8 Auf Wiedersehen, vielen Dank für die Einladung!	8 ¡Adiós, muchas gracias por la invitación!
9 Es war wirklich sehr nett.	9 Lo hemos pasado muy bien.
10 Es hat uns wirklich gefreut, daß Sie gekommen sind.	10 Nos hemos alegrado de que hayan venido.
11 Kommen Sie doch bald mal wieder!	11 ¡Vengan pronto otra vez!
12 Jetzt müssen Sie aber auch mal zu uns kommen.	12 Pero ahora tienen que venir también a nuestra casa.
13 Meine Mutter würde Sie auch gern kennenlernen.	13 A mi madre le gustaría también conocerles.
14 Ich bringe Sie noch runter.	14 Les acompaño hasta abajo.
15 Kommen Sie gut nach Hause!	15 ¡Que lleguen bien a casa!

Vorstellung	*Presentación*
1 Darf ich vorstellen: Herr Huber – Frau Dr. Engl.	1 Le presento al Sr. Huber – la Sra. Engl.
2 Freut mich, Sie kennenzulernen.	2 Encantado de conocerle. Mucho gusto.
3 Ich habe schon viel von Ihnen gehört.	3 He oído hablar mucho de Vd.
4 Ach, Sie sind der Herr aus Stuttgart!	4 ¡Ah, Vd. es el Sr. de Stuttgart!
5 Frau Dr. Engl, darf ich Ihnen Herrn Huber vorstellen?	5 Sra. Engl, le presento al Sr. Huber.
6 Kennen Sie schon Herrn Huber? – Das ist Frau Dr. Engl.	6 ¿Conoce Vd. ya al Sr. Huber? – La Sra. Engl.
7 Darf ich bekannt machen?	7 ¿Permiten que les presente?

Personenbeschreibung

1 Wie ist er/sie? Wie sieht er aus?

2 Er ist nett. Er sieht nett aus.

3 Er sieht gut aus.
4 Sie ist hübsch. – Sie ist häßlich.
5 Sie ist apart.
6 Sie ist sehr gepflegt/ungepflegt.

7 Sie ist schlank/etwas voll-schlank.

8 Sie ist ein wenig rundlich. Sie ist dick.
9 Er ist ziemlich groß/klein.
10 Er ist kräftig.
11 Er ist ein sportlicher Typ.
12 Er ist 50, aber er sieht jünger/älter aus.
13 Er ist ein Typ, der auf Frauen wirkt.
14 Er ist 18, aber er wirkt noch nicht sehr erwachsen.
15 Sie ist schon eine junge Dame.
16 Er weiß sich zu benehmen. Er benimmt sich tadellos
17 Er ist gesellschaftlich sehr ge-wandt.
18 Er hat keine Kinderstube. Er hat keine Manieren.
19 Er benimmt sich leider oft da-neben.

20 Sie ist immer gut angezogen.
21 Sie ist sehr elegant.

Descripción de personas

1 ¿Cómo es él/ella? ¿Qué aspecto tiene?

2 Es simpático. Tiene aire sim-pático.

3 Es bien parecido.
4 Es guapa. – Es fea.
5 Es atractiva.
6 Va muy bien/muy mal arre-glada.

7 Es esbelta/está llenita.

8 Está llenita. Está gorda.

9 Es bastante alto/bajo.
10 Es fornido/fuerte.
11 Tiene tipo atlético.
12 Tiene cincuenta años, pero parece más joven/viejo.
13 Es un hombre que atrae a las mujeres.
14 Tiene dieciocho años, pero aún no está muy desarrollado.
15 Ya es una mujercita.
16 Sabe cómo comportarse. Se comporta admirablemente.
17 Tiene don de gentes.

18 Está mal educado. Tiene malos modales.
19 Desgraciadamente a menudo mete la pata.

20 Siempre va bien vestida.
21 Ella es muy elegante.

22	Sie ist sehr schick.	22	Ella es muy chic.
23	Sie hat Geschmack. Sie hat einen guten Geschmack.	23	Ella tiene buen gusto.
24	Sie ist ein bißchen altmodisch.	24	Es un poco anticuada.
25	Sie ist eine typische Deutsche/Engländerin/Amerikanerin.	25	Es una alemana/inglesa/americana típica.

26	Wie ist er/sie menschlich?	26	¿Qué clase de persona es él/ella?
27	Wie ist er/sie im Wesen?	27	¿Qué carácter tiene él/ella?
28	Er ist nett, sympathisch, ein feiner Kerl.	28	Es agradable, simpático, un chico excelente.
29	Er ist sehr hilfsbereit und kameradschaftlich.	29	Siempre está dispuesto a ayudar y es un buen colega.
30	Er ist rücksichtsvoll. – Er ist rücksichtslos.	30	Es considerado (o: atento). – Es desconsiderado.
31	Er ist taktvoll. – Er ist manchmal taktlos.	31	Tiene mucho tacto. – A veces no tiene tacto (o: es poco delicado).
32	Er ist großzügig. – Er ist geizig.	32	Es generoso. – Es avaricioso.
33	Er ist stur.	33	Es terco (o: testarudo).
34	Er ist sehr vernünftig. Man kann mit ihm reden.	34	Es muy razonable. Se puede hablar con él.

35	Er ist ruhig. – Er ist nervös.	35	Es tranquilo. – Es nervioso.
36	Er ist bescheiden und zurückhaltend.	36	Es modesto y reservado.
37	Er ist überspannt, eingebildet, arrogant.	37	Es engreído, presumido.
38	Er ist ein Angeber. Er gibt gern an.	38	Es un chulo/creído. Le gusta chulear.
39	Er ist interessant.	39	Es interesante.
40	Er ist langweilig, fade, nichtssagend.	40	Es aburrido, soso.

41	Er ist fröhlich, heiter, lustig. – Er ist ernst.	41	Es alegre, divertido. – Es serio.
42	Er ist sehr sicher und frei im Auftreten.	42	Sabe siempre cómo comportarse.
43	Er ist schüchtern und unsicher. Er ist gehemmt.	43	Es tímido e inseguro.
44	Er ist sehr empfindlich und immer gleich beleidigt.	44	Es muy susceptible y siempre se ofende en seguida.
45	Er hat eine dicke Haut.	45	No se inmuta por nada.
46	Er ist humorlos. Er versteht keinen Spaß. Er nimmt alles gleich übel.	46	No tiene sentido del humor. No se le pueden hacer bromas. En seguida lo toma todo a mal.
47	Kann er/sie etwas? Wie ist er/sie im Beruf?	47	¿Vale? ¿Y en su profesión?
48	Er ist sehr ehrgeizig.	48	Es muy ambicioso.
49	Er kann etwas auf seinem Gebiet.	49	En su especialidad, posee una sólida formación.
50	Er wird es sicher zu etwas bringen.	50	Seguro que llegará lejos.
51	Er kann mit den Leuten umgehen.	51	Sabe cómo tratar a la gente.
52	Er kann sich durchsetzen.	52	Sabe imponerse.
53	Er wirkt überzeugend.	53	Convence.
54	Ich finde, er macht zu wenig aus sich.	54	Encuentro que es demasiado modesto.
55	Er ist vielseitig begabt.	55	Tiene talento para muchas cosas.
56	Er ist besonders für Sprachen begabt.	56	Tiene mucha facilidad para los idiomas.
57	Er spricht fließend Deutsch. Er spricht ganz akzentfrei.	57	Habla alemán correctamente. Habla sin nada de acento.
58	Er ist musikalisch. Er ist eminent musikalisch.	58	Es musical. Es extraordinariamente musical.

59 Er ist sehr gebildet.	59 Es muy culto.
60 Er hat viel gesehen und gelesen. Er hat viel erlebt.	60 Ha visto y leído mucho. Posee gran experiencia.
61 Er ist schon viel herumgekommen.	61 Ha corrido mucho mundo.

Persönliches Verhältnis

Relación personal

1 Ich finde ihn sehr nett. Ich finde sie reizend.	1 Lo encuentro muy simpático. Ella es encantadora.
2 Ich kenne ihn/sie gut. Wir kennen uns schon lange.	2 Le/la conozco bien. Hace mucho que nos conocemos.
3 Wir sind gute Freunde. Wir sind sehr gut befreundet.	3 Somos buenos amigos. Tenemos una gran amistad.
4 Die beiden passen gut zusammen.	4 Están hechos el uno para el otro.
5 Sie verstehen sich sehr gut.	5 Se entienden muy bien.
6 Ich komme sehr gut mit meinen Kollegen aus.	6 Me llevo muy bien con mis compañeros.
7 Ich mag ihn nicht. Ich finde ihn schrecklich.	7 No me gusta. Lo encuentro insoportable. No lo puedo tragar.
8 Er liegt mir nicht.	8 No es de mi agrado. No congeniamos.
9 Wir können uns nicht leiden/ausstehen/riechen.	9 No nos podemos ver/soportar.
10 Er haßt mich wie die Pest.	10 Me odia a muerte.

Wetter, Klima

Tiempo, clima

1 Wie ist das Wetter heute?	1 ¿Qué tal tiempo hace hoy? ¿Cómo está el día?
2 Schöner Tag heute. Herrlich! Wunderbar!	2 Buen día hoy. ¡Estupendo! ¡Maravilloso!
3 Es könnte nicht schöner sein!	3 ¡No puede ser mejor!

4 Strahlende Sonne und doch nicht zu heiß.	4 Un sol radiante y no demasiado calor.
5 Es ist recht schön/ganz schön heute, finden Sie nicht?	5 Está muy bueno/hace buen día hoy, ¿no le parece?
6 Gerade recht zum Laufen, aber noch nichts zum Baden.	6 A propósito para pasear, pero no para bañarse aún.
7 Und bei diesem Wetter muß man arbeiten! Eine Schande!	7 ¡Y hay que trabajar con este tiempo! ¡Una pena!
8 Wie war's denn bei Ihnen?	8 ¿Qué tal ha sido por ahí?
9 Schlecht! Regnerisch, schwül, gewittrig, unbeständig.	9 ¡Malo! Lluvioso, bochornoso, tormentoso, variable.
10 Abends war es sogar manchmal neblig.	10 Por la noche incluso había niebla a veces.
11 Und dann war es wieder ziemlich kühl.	11 Y luego otra vez era bastante fresco.
12 Zu kühl zum Draußensitzen.	12 Demasiado fresco para sentarse al aire libre.
13 Tolles Gewitter! Das blitzt und donnert!	13 ¡Vaya tormenta! ¡Cómo relampaguea y truena!
14 Schauen Sie, wie es regnet!	14 ¡Mire cómo llueve!
15 Was heißt da: regnet? Es gießt!	15 No, no llueve. Está jarreando.
16 Gestern hat es im Gebirge schon geschneit.	16 Ayer nevó ya en las montañas.
17 Heute nacht soll es frieren, bis fünf Grad unter Null.	17 Esta noche va a helar y el termómetro bajará hasta cinco grados bajo cero.
18 Morgen taut es sicher wieder.	18 Seguro que mañana deshiela otra vez.
19 Richtiges Grippewetter, viel zu warm für Januar.	19 Tiempo propicio para gripes; demasiado calor para ser enero.
20 Es schneit, aber der Schnee bleibt nicht liegen.	20 Nieva, pero la nieve no cuaja.

28

21 Wie ist der Wetterbericht?	21 ¿Qué ha dicho el parte meteorológico?
22 Nicht besonders. Es wird wieder schlecht.	22 Nada de bueno. Otra vez va a empeorar.
23 Der Wetterbericht ist gut, es wird wärmer.	23 El parte meteorológico es favorable, va a hacer más calor.
24 Haben Sie den Straßenzustandsbericht gehört?	24 ¿Ha oído el informe sobre el estado de las carreteras?
25 Auf den meisten Pässen ist Glatteis.	25 En la mayor parte de los puertos el suelo está resbaladizo a causa del hielo.
26 Zum Teil liegt Neuschnee.	26 En algunos ha vuelto a nevar.
27 Wir brauchen Schneeketten.	27 Necesitamos cadenas.
28 Das Wetter/Klima hier ist schrecklich.	28 El tiempo/clima es aquí malísimo.
29 Es bekommt mir gar nicht gut.	29 No me sienta nada de bien.
30 Nachts friere ich, am Tag schwitze ich.	30 Por la noche paso frío y por el día sudo.
31 Das Wetter macht mich ganz kaputt.	31 El tiempo me deja para el arrastre.
32 Spüren Sie das Wetter nicht?	32 ¿No le afecta el tiempo?
33 Ich finde es herrlich hier.	33 Encuentro que se está estupendamente aquí.
34 Für mich ist das Klima hier genau das Richtige.	34 El clima de aquí es precisamente el que me conviene.
35 Mir tut es richtig gut.	35 A mí me sienta muy bien.
36 Nicht einmal der Föhn macht mir zu schaffen.	36 Ni siquiera el föhn (viento cálido que sopla de los Alpes) me afecta.

Gesundes und ungesundes Leben — Vida sana e insana

1 Ich lebe gesund.	1 Llevo un régimen de vida sano.

2	Ich tue etwas für meine Gesundheit.		2	Me preocupo de hacer algo por mi salud.
3	Ich lebe sehr regelmäßig.		3	Llevo una vida muy ordenada.
4	Ich bin vorsichtig mit Kaffee und Alkohol.		4	Tengo cuidado con el café y el alcohol.
5	Das Rauchen habe ich mir ganz abgewöhnt.		5	He dejado de fumar completamente.
6	Ich nehme mir Zeit zum Essen, das ist wichtig!		6	Me tomo tiempo suficiente para comer, ¡eso es importante!
7	Ich achte sehr auf die schlanke Linie.		7	Me cuido mucho de la línea.
8	Und jeden Tag kalt duschen, das hält jung!		8	Y cada día una ducha fría, ¡esto mantiene joven!
9	Wir essen viel Obst und Gemüse, wegen der Vitamine.		9	Comemos mucha fruta y verdura por las vitaminas.
10	Man braucht ja deshalb kein reiner Vegetarier zu sein!		10	Para eso no hay que ser vegetariano.
11	Treiben Sie auch viel Sport?		11	¿Practica también mucho deporte?
12	Ich mache viel Gymnastik.		12	Hago mucha gimnasia.
13	Ich lebe sehr ungesund, aber was soll ich machen?		13	Llevo una vida poco sana, pero ¿qué puedo hacer?
14	Ich bin immer im Druck.		14	Siempre tengo que trabajar contra reloj.
15	Dann die Unregelmäßigkeit: mal früh essen, mal spät!		15	Además, la irregularidad: unas veces comer pronto, otras tarde.
16	Das Essen stürze ich in fünf Minuten hinunter.		16	Engullo la comida en cinco minutos.
17	Das muß sich ja irgendwann rächen.		17	Tarde o temprano esto tiene que tener malas consecuencias.
18	Und dann immer im Auto! Keine Bewegung!		18	Y luego ¡siempre en coche! ¡Nada de movimiento!

19 Sie sehen ja, wie ich dick werde!	19 Mire cómo engordo.
20 Das geht natürlich aufs Herz.	20 Naturalmente esto afecta al corazón.
21 Zum Sport komme ich auch nicht mehr.	21 Tampoco me queda tiempo para hacer deporte.
22 Bei den Besprechungen raucht man und trinkt man.	22 En las reuniones se fuma y se bebe.
23 Oft auf nüchternen Magen!	23 A menudo con el estómago vacío.
24 Und keine Nacht vor zwei ins Bett!	24 Y ninguna noche estoy en la cama antes de las dos.
25 Wem sagen Sie das! Ich müßte auch mal ausspannen.	25 ¡Sí, no me lo diga! También yo tendría que descansar.

Glück und Pech im Leben	*Suerte y desgracia en la vida*
1 Sie sind ein Glückspilz. Sie haben immer Glück.	1 Es Vd. un tío de suerte. Siempre tiene suerte.
2 Ich beneide Sie.	2 Le envidio.
3 Sie haben es geschafft. Ich gratuliere!	3 Lo ha logrado. ¡Le felicito!
4 Sie haben es zu etwas gebracht.	4 Ha conseguido mucho en la vida.
5 Sie sind ein Pechvogel! Sie haben so viel Pech!	5 Es Vd. un desgraciado. ¡Tiene tan mala suerte!
6 Sie sind wirklich nicht zu beneiden.	6 Desde luego no se le puede envidiar.
7 Sie haben wirklich viel durchzumachen.	7 Verdaderamente le toca a Vd. pasar mucho.
8 Sie haben es schwer, ich weiß.	8 Sé que se enfrenta con muchas dificultades.
9 Aber Sie dürfen nicht aufgeben!	9 Pero no debe cejar en su empeño.

31

10 Sie dürfen jetzt den Mut nicht verlieren.	10 Ahora no debe perder los ánimos.
11 Das wird schon wieder!	11 Bueno, ¡ya se arreglará!
12 Es kommt auch wieder anders!	12 ¡Ya vendrán tiempos mejores!

Haus und Wohnung

Casa y vivienda

1 Wo wohnen Sie? Wie wohnen Sie?	1 ¿Dónde vive Vd.? ¿Cómo vive Vd.?
2 Wir haben ein kleines Haus mit Garten, etwas außerhalb.	2 Tenemos una casita con jardín en las afueras.
3 Das hat viel für sich. Das hat viele Vorteile.	3 Esto tiene muchas ventajas.
4 Man muß nicht immer Rücksicht auf die anderen nehmen.	4 No hay que estar siempre pendiente de los demás.
5 Andererseits ist es ziemlich abgelegen.	5 Por otra parte está bastante apartado.
6 Man kann eben nicht alles haben.	6 Claro, no se puede tener todo a la vez.
7 Unsere Wohnung liegt sehr verkehrsgünstig.	7 Nuestra casa tiene muy buenas comunicaciones.
8 Sie liegt wirklich ideal.	8 Tiene una situación verdaderamente ideal.
9 Die Verbindung ist ausgezeichnet.	9 Las comunicaciones son excelentes.
10 In zehn Minuten bin ich im Zentrum.	10 En diez minutos estoy en el centro.
11 Das würde man nicht denken, so ruhig ist es hier!	11 Es casi increíble ¡qué tranquilo es esto!
12 Ist das eine Eigentumswohnung? Nein, gemietet.	12 ¿Es vivienda propia? No, alquilada.
13 Ich habe nur ein Zimmer.	13 Tengo solo una habitación.
14 Wozu eine Wohnung für mich allein?	14 ¿Para qué quiero una vivienda para mí solo?

15 Die Leute sind recht nett.	15 La gente es muy agradable.
16 Die Hausfrau ist ein bißchen komisch, aber ...	16 La patrona es un poco rara, pero ...
17 Sie kümmert sich nicht weiter um mich.	17 Pero por lo demás no se mete conmigo.
18 Ich bin ganz unabhängig.	18 Soy completamente independiente.
19 Kennen Sie die Wohnung von Meiers? Einfach toll!	19 ¿Ha visto la vivienda de los Meier? ¡Francamente fantástica!
20 Schon das Haus ist hochherrschaftlich, ganz feudal!	20 La casa es soberbia, francamente feudal.
21 Helle, sonnige Zimmer, alles mit Blick auf den Park.	21 Habitaciones claras y soleadas, todas con vista al parque.
22 Und die Einrichtung! Modern und doch gemütlich.	22 ¡Y los muebles! Modernos, pero cómodos.
23 Es sind viereinhalb Zimmer.	23 Son cuatro habitaciones y media.
24 Und die Küche – mit allen Schikanen!	24 Y la cocina, ¡con todas las comodidades!
25 Man merkt schon sehr, daß Hubers Neureiche sind.	25 Se ve en seguida que los Huber son nuevos ricos.
26 So etwas Protziges!	26 ¡Qué presumidos! ¡Qué presunción!
27 Die ganze Einrichtung ist teuer und geschmacklos.	27 El mobiliario es caro y de mal gusto.
28 Und die Bilder – so etwas von Kitsch!	28 Y los cuadros – ¡qué cursis!
29 Aber das Schlafzimmer sollten Sie erst mal sehen!	29 ¡Pues tendría que ver aun el dormitorio!
30 Aha, das ist also Ihr Zuhause. Hübsch!	30 Así es que esta es su casa. ¡Bonita!

31 Ja, die Bude ist ganz hübsch geworden.	31 Sí, para ser habitación de estudiante ha quedado muy bien.
32 Man kann mit einfachen Mitteln allerhand machen.	32 Se puede conseguir mucho con pocos medios.
33 Das Zimmer war so lieblos möbliert.	33 *La habitación estaba amueblada fríamente.*
34 Ein kleines Kissen, eine hübsche Sofadecke, ein süßer kleiner Spiegel, und schon hat es irgendwie Stil.	34 Un pequeño cojín, un bonito tapizado para el sofá, un espejito coquetón, y la habitación tiene un aspecto muy distinto.
35 Die Miete ist erschwinglich.	35 El alquiler no es muy alto.
36 Für heutzutage ist das wirklich spottbillig!	36 ¡En estos tiempos es casi regalado!
37 Um die Heizung muß ich mich nicht kümmern.	37 No tengo que preocuparme de la calefacción.
38 Ich habe einen kleinen Ölofen, das ist kein Problem.	38 Tengo una pequeña estufa de fuel-oil y no hay problemas.
39 Einmal in der Woche wird saubergemacht.	39 Una vez a la semana me la limpian.
40 Sonst mache ich das Zimmer selbst.	40 Los otros días yo mismo arreglo la habitación.
41 Wir wollen ein Haus bauen.	41 Queremos construir una casa.
42 Wir haben schon lang einen Bausparvertrag.	42 Hace tiempo que tenemos un contrato de ahorro-construcción.
43 Das Grundstück habe ich von meinen Eltern.	43 El solar lo tengo de mis padres.
44 Wohnzimmer unten, Schlafzimmer und Bad oben?	44 ¿Cuarto de estar abajo, dormitorios y baño arriba?
45 Nein, einen Bungalow. Alles ebenerdig ist praktischer.	45 No, un bungalow. Es más práctico tener todo al mismo nivel.
46 Warum nehmen Sie kein Fertighaus?	46 ¿Por qué no toma una casa prefabricada?

47 Ich habe ganz bestimmte Vorstellungen von der Einteilung.

47 Tengo ideas muy precisas sobre la distribución.

Hausfrau, Haushalt

El ama de casa, la casa

1 Haben Sie Ihren Beruf ganz aufgegeben?

1 ¿Ha dejado del todo su profesión?

2 Ich kann neben dem Haushalt nichts mehr machen.

2 Aparte de la casa no puedo hacer nada.

3 So ein Haushalt will geführt sein!

3 ¡Lo que cuesta llevar una casa así!

4 Die Kinder wollen versorgt sein, der Mann auch.

4 Hay que cuidar de los hijos y del marido.

5 Dann heißt es aufräumen, staubsaugen

5 Después hay que poner todo en orden, limpiar con el aspirador/aspirar

6 einkaufen

6 ir a la compra

7 waschen, bügeln

7 lavar, planchar

8 kochen, Geschirr spülen

8 guisar, fregar los cacharros

9 Kinderkleider nähen

9 coser los vestidos de los niños

10 zerrissene Hosen flicken

10 remendar los pantalones rotos

11 Knöpfe annähen.

11 coser los botones.

12 Am Abend soll alles tipptopp sein.

12 Por la noche todo tiene que estar a punto.

13 Und eine Hilfe bekommt man auch schwer.

13 Y es muy difícil obtener ayuda.

14 Aber man kann sich heute manches leichter machen.

14 Pero hoy en día muchas cosas se pueden hacer más fácilmente.

15 Ich habe wirklich alle Geräte, die man haben kann:

15 Tengo todos los utensilios que se puede tener:

16 eine vollautomatische Waschmaschine

16 una lavadora automática

17 Die große Wäsche gebe ich aus.

17 Las prendas grandes las doy a lavar.

18 eine Bügelmaschine

18 una máquina de planchar

19	Für kleinere Sachen nehme ich das Bügeleisen.	19	Para cosas pequeñas uso la plancha.
20	einen ganz neuen Staubsauger	20	un aspirador completamente nuevo
21	einen Mixer und einen Entsafter	21	una batidora y un exprimidor
22	Ich kaufe allerdings Saft lieber in Dosen.	22	Aunque prefiero comprar el jugo/zumo en bote.
23	einen Toaster/Toaströster	23	un tostador de pan
24	einen ganz modernen Elektroherd	24	una cocina eléctrica modernísima
25	Am Wochenende gehen wir natürlich oft essen.	25	Naturalmente los fines de semana vamos a menudo a comer fuera.
26	eine Zickzackmaschine	26	una máquina de coser zig zag
27	Schneidern will ich nicht, aber für Kindersachen ...	27	No quiero hacer ropa, pero las cosas de los niños ...

Essen

Comida

1	Ich frühstücke wie die meisten Deutschen.	1	Desayuno como la mayoría de los alemanes.
2	Kaffee, Honig- oder Marmeladebrote.	2	Café y pan con miel o mermelada.
3	Manchmal gibt es auch frische Brötchen/Semmeln.	3	A veces hay también panecillos tiernos.
4	Am Sonntag gibt es ein weiches Ei oder ein Spiegelei.	4	El domingo hay un huevo pasado por agua o frito.
5	Das spanische Frühstück ist anders.	5	El desayuno en España es distinto.
6	Es besteht normalerweise nur aus Milchkaffee und Zwieback.	6	Por lo general, sólo consiste en café con leche y galletas.
7	Manchmal nimmt man auch Butter und Marmelade.	7	A veces se come también mantequilla y mermelada.
8	Nur selten trinkt man Fruchtsaft.	8	Sólo en pocos casos se toma también un jugo de fruta.

9	Zum Mittagessen haben wir oft Fleisch.	9	Para comer tenemos a menudo carne.
10	Was gibt es denn heute?	10	¿Qué hay hoy?
11	Einen Braten mit Kartoffeln und Erbsen.	11	Carne con patatas y guisantes.
12	Nudeln mit Tomatensoße und grünem Salat.	12	Fideos con salsa de tomate y ensalada.
13	Kartoffelbrei mit Rührei und Schinken.	13	Puré de patatas con huevos revueltos y jamón.
14	Kotelett oder Schnitzel mit Beilagen.	14	Chuleta o filete con guarnición.
15	Fisch mit Salzkartoffeln und zerlassener Butter.	15	Pescado con patatas cocidas y mantequilla.
16	Heute gibt es aus der Dose/Büchse: Ravioli oder so...	16	Hoy abrimos bote/lata: ravioles o algo por el estilo.
17	Die tiefgekühlten Sachen schmecken übrigens wie frisch.	17	Las cosas congeladas son tan sabrosas como las frescas.
18	Zum Nachtisch Pudding oder Obst.	18	Para postre pudín o fruta.
19	Oder Erdbeeren mit Schlagsahne.	19	O fresas con nata.
20	Abends ißt man oft kalt, besonders im Sommer.	20	Por la noche se come algo frío, en especial en verano.
21	Ein bißchen Aufschnitt, ein bißchen Käse.	21	Un poco de fiambre, un poco de queso.

Trinken   *Bebida*

1	Was wollen Sie trinken?	1	¿Qué desea beber?
2	Kaffee, Tee, Schokolade, Milch.	2	Café, té, chocolate, leche.
3	Helles oder dunkles Bier, Weißwein, Rotwein.	3	Cerveza clara o negra, vino blanco, vino tinto.
4	Mineralwasser, Limonade.	4	Agua mineral, limonada.

5	Apfelsaft, Traubensaft, Johannisbeersaft.	5	Jugo de manzana, jugo de uvas, jugo de grosella.
6	Orangensaft natur.	6	Zumo natural de naranja.
7	Oder etwas Alkohol?	7	¿O algo de alcohol?
8	Kognak, Whisky, Gin?	8	¿Coñac, whisky, ginebra?
9	Oder etwas Gemixtes?	9	¿O algún cóctel?
10	Ich trinke den Kaffee schwarz.	10	Tomo café solo.
11	Den Whisky bitte pur, mit Eis, für meine Frau mit Soda.	11	Por favor, el whisky puro, con hielo, para mi mujer con soda.
12	Das Bier bitte nicht ganz kalt.	12	Por favor, la cerveza no muy fría, del tiempo.
13	Der Wein hat gerade die rechte Temperatur.	13	El vino tiene justamente la temperatura apropiada.
14	Den Wein müßte man kälter servieren.	14	El vino debería servirse más frío.
15	Zum Fisch weißen, zum Braten roten Wein, bitte.	15	Por favor, con el pescado vino blanco, con el asado tinto.
16	Darf ich auf Ihr Wohl anstoßen?	16	¡Brindemos por Vd.!
17	Prost! / Wohl bekomm's! / Zum Wohlsein!	17	¡Salud! ¡A su salud!
18	Alkohol bekommt mir nicht.	18	El alcohol no me sienta bien.
19	Der Wein ist mir gestern nicht gut bekommen.	19	Ayer no me sentó bien el vino.
20	Ich vertrage nichts mehr.	20	Ya no aguanto mucho.
21	Der Wein ist ihm in den Kopf gestiegen.	21	El vino se le ha subido a la cabeza.
22	Ich finde, bei Whisky behält man einen klaren Kopf.	22	Encuentro que con el whisky la cabeza se mantiene despejada.
23	Ich habe einen Kater.	23	Tengo resaca.
24	Man merkt Ihnen aber nichts an.	24	Pero no se le nota nada.

25	Er ist betrunken. Er weiß nicht mehr, was er sagt.	25	Está borracho. Ya no sabe lo que dice.
26	Ein kleiner Schwips kann herrlich sein!	26	Ponerse alegre puede resultar estupendo.
27	Ich glaube, ich bin beschwipst.	27	Creo que estoy un poco bebido.

Rauchen		*Fumar*	
1	Rauchen Sie? Was rauchen Sie?	1	¿Fuma Vd.? ¿Qué fuma Vd.?
2	Danke, ich bin Nichtraucher. Ich rauche nicht.	2	Gracias, no fumo.
3	Ich rauche Zigaretten. Ich rauche Zigarre/Zigarren.	3	Fumo cigarrillos. Fumo puro/puros.
4	Ich rauche nur mit Filter.	4	Sólo fumo con filtro.
5	Ich rauche nur Schwarze/schwarze Zigaretten.	5	Sólo fumo negro/cigarrillos negros.
6	Bei der Arbeit rauche ich Pfeife.	6	Mientras trabajo fumo en pipa.
7	Ich habe einen herrlichen englischen Tabak.	7	Tengo un tabaco inglés estupendo.
8	Riechen Sie mal. Wollen Sie ihn probieren?	8	Huela, ¿quiere probarlo?
9	Der Arzt sagt, ich soll das Rauchen aufgeben.	9	El médico me ha dicho que debo dejar de fumar.
10	Ich habe schon versucht, es mir abzugewöhnen.	10	He tratado ya de dejarlo.
11	Aber es ist schwer, darauf zu verzichten.	11	Pero es difícil renunciar a ello.
12	Eine Zigarette nach dem Essen – das gehört einfach dazu!	12	Un cigarrillo después de las comidas forma parte de ellas.

Bei Tisch		*En la mesa*	
1	Darf ich Ihnen noch etwas Fleisch geben?	1	¿Quiere un poco más de carne?

2	Gern, vielen Dank.	2	Sí, muchas gracias.
3	Aber wirklich nur noch ein kleines Stückchen.	3	Pero sólo un trocito.
4	Dürfte ich Sie um ein Stück Brot bitten?	4	¿Me da un poco de pan?
5	Würden Sie mir bitte das Salz herübergeben?	5	¿Quiere alcanzarme la sal?
6	Darf ich um die Soße bitten?	6	Un poco de salsa, por favor.
7	Bitte, Sie nehmen sich doch selbst?	7	Tome Vd. mismo.
8	Ich muß Ihnen doch nicht immer anbieten?	8	Sírvase Vd. mismo sin cumplidos.
9	Sagen Sie nur, was Sie brauchen.	9	Diga lo que necesita.
10	Wenn Ihnen etwas nicht zusagt, lassen Sie es ruhig stehen.	10	Si algo no le apetece déjelo con toda confianza.
11	Sie sind unser Essen sicher nicht gewöhnt.	11	No estará acostumbrado a nuestras comidas.
12	Es tut mir leid, aber ich bin kein großer Esser.	12	Lo siento, pero no aguanto mucho a comer.
13	Entschuldigen Sie, ich muß mit Fett etwas aufpassen.	13	Perdone, pero tengo que tener cuidado con la grasa.
14	Ich muß leider mit dem Magen etwas vorsichtig sein.	14	Desgraciadamente tengo que tener algo de cuidado con el estómago.
15	Meine Leber ist leider nicht ganz in Ordnung.	15	Desgraciadamente mi hígado no funciona bien del todo.
16	Sie haben so hübsch gedeckt!	16	¡Qué bien ha preparado la mesa!
17	Wie hübsch Sie das alles hergerichtet haben!	17	¡Qué bien lo ha dispuesto todo!
18	Ich sage immer: Das Auge ißt mit.	18	Siempre lo digo: la comida entra por los ojos.
19	Sie haben so schönes Geschirr.	19	Tiene una vajilla preciosa.

20 Das moderne Besteck paßt auch gut dazu.	20 Los cubiertos modernos hacen juego con ella.

Im Lokal / En el restaurante

1 Die Herrschaften wünschen?	1 ¿Qué desean los señores?
2 Die Karte bitte. Und die Getränkekarte.	2 La minuta, por favor. Y la carta de bebidas.
3 Wir möchten gern bestellen.	3 Quisiéramos pedir.
4 Was können Sie uns heute empfehlen?	4 ¿Qué puede recomendarnos hoy?
5 Ist das mild? Ist das sehr scharf?	5 ¿Es suave? ¿Es muy picante?
6 Es ist stark gewürzt, ziemlich pikant.	6 Tiene muchas especias, es bastante picante.
7 Ich möchte nur eine Kleinigkeit.	7 Sólo quiero un poco.
8 Ich hätte gern etwas Leichtes.	8 Desearía algo ligero.
9 Was geht denn schnell?	9 ¿Qué sirven de prisa?
10 Könnte ich statt Kartoffeln Reis dazu haben?	10 ¿Podría traerme arroz en vez de patatas?
11 Das Steak bitte englisch.	11 El filete, por favor, poco hecho (a la inglesa).
12 Für mich bitte rosa, nicht ganz durch.	12 Para mí medio crudo, no calado del todo, por favor.
13 Ein Helles/Dunkles bitte. (= ½ Liter)	13 Por favor, una cerveza clara/ negra.
14 Ein kleines Helles bitte. (= ¼ Liter)	14 Por favor, una caña.
15 Einen Schoppen Rotwein. (= ¼ Liter)	15 *Un cuarto de litro de vino tinto.*
16 Herr Ober, bitte! Fräulein, bitte!	16 ¡Camarero, por favor! ¡Señorita, por favor!

17	Die Suppe kann ich nicht essen. Sie ist ganz kalt.	17	No puedo comer la sopa. Está completamente fría.
18	Sie ist total versalzen.	18	Está saladísima.
19	Der Fisch ist nicht durch. Er ist noch halb roh.	19	El pescado no está calado. Está aún medio crudo.
20	Ich wollte ein 4-Minuten-Ei, das hier ist hart!	20	Quería un huevo pasado por agua y éste está duro.
21	Herr Ober, bitte zahlen!	21	¡Camarero, la cuenta, por favor!
22	Ich bin hier schon einmal reingefallen.	22	¡Aquí ya he tenido otra vez mala suerte!
23	Da war ich heute zum letztenmal!	23	Esta de hoy ha sido la última.
24	Viel zu teuer für das, was sie bieten!	24	Demasiado caro para lo que dan.
25	Ein richtiges Nepplokal!	25	Un restaurante donde te despluman.
26	Und diese hochnäsige Bedienung!	26	¡Y el servicio tan encopetado!
27	Es ist nett hier.	27	Esto es muy agradable.
28	Man ißt gut hier.	28	Se come bien aquí.
29	Die Bedienung ist wirklich aufmerksam.	29	Los camareros son muy atentos.
30	Wir haben das Lokal erst kürzlich entdeckt.	30	Hace poco que descubrimos este sitio.
31	Man kann es wirklich empfehlen.	31	Se puede recomendar sin reservas.

In verschiedenen Geschäften

En tiendas diversas

1	Bitte haben Sie ...? Ich hätte gern ...	1	¿Por favor, tiene Vd. ...? Quisiera ...
2	Ich suche ... Ich brauche ...	2	Busco ... Necesito ...

3 Ist das Brot frisch?	3 ¿Es tierno el pan?
4 Ich hätte lieber eines von gestern.	4 Preferiría uno de ayer.
5 Und ein Paket Zwieback, bitte.	5 Un paquete de biscotes, por favor.
6 Eine Flasche Milch.	6 Una botella de leche.
7 Zwölf Eier, bitte.	7 Doce huevos.
8 Einen Viertelliter Sahne (südd.: Schlagrahm).	8 Un cuarto de litro de nata.
9 Drei Schweineschnitzel. Bitte klopfen!	9 Tres filetes de cerdo. ¡Aplástelos, por favor!
10 Hundert Gramm Aufschnitt und fünfzig von dem Schinken.	10 Cien gramos de fiambres y cincuenta de jamón.
11 Sind die Äpfel süß? (sauer, säuerlich; saftig, mehlig).	11 ¿Son dulces las manzanas? (ácidas; jugosas, arenosas).
12 Sind die Orangen saftig/strohig?	12 ¿Son jugosas/secas las naranjas?
13 Ist der Kopfsalat frisch?	13 ¿Es fresca la lechuga?
14 Reife Tomaten, aber nicht zu weich!	14 Tomates maduros, pero no demasiado blandos.
15 Ich suche Schnürsenkel,	15 Quisiera un cordón,
16 einen Bindfaden/eine Schnur, ein Gummiband,	16 un bramante, una cuerda, una cinta elástica
17 Tesafilm, Klebstreifen,	17 una cinta para pegar
18 Packpapier, einen Pappkarton.	18 papel de embalar, un cartón de embalaje.

Im Konfektionshaus	*En la tienda de confección*
1 Ich möchte einen Anzug/ein Kostüm.	1 Quisiera un traje/un traje-chaqueta.
2 Etwas Wärmeres für den Winter und die Übergangszeit.	2 Algo de abrigo para el invierno y el entretiempo.
3 Etwas Leichtes, für den Sommer.	3 Algo ligero para el verano.

4 Er muß etwas aushalten, ich bin viel auf Reisen.	4 Tiene que ser resistente, pues viajo mucho.
5 Wie trägt sich der Stoff?	5 ¿Qué cualidades tiene el tejido?
6 Knittert er leicht?	6 ¿Se arruga fácilmente?
7 Hält er die Form? Hält die Bügelfalte?	7 ¿Conserva la forma? ¿Mantiene la raya de la plancha?
8 Ich finde, so etwas kann ich nicht tragen.	8 Encuentro que no puedo llevar algo así.
9 Haben Sie nicht etwas Konservativeres?	9 ¿No tiene algo más clásico?
10 Ich hätte ihn gern etwas gedeckter, nicht so empfindlich.	10 Lo quisiera algo más sufrido, no tan delicado.
11 Das Muster ist mir zu kräftig.	11 Este dibujo es demasiado fuerte.
12 Das ist genau das, was ich suche.	12 Esto es justamente lo que busco.
13 Der sitzt wirklich wie nach Maß.	13 Este sienta como a medida.
14 Ich glaube, wir müssen die Ärmel kürzen.	14 Creo que tenemos que acortar las mangas.
15 Die Hose ist im Bund zu weit, wir machen sie enger.	15 El pantalón es demasiado ancho de cintura, lo estrecharemos.

Wäscherei und Reinigung

Lavandería y tintorería

1 Sechs Hemden, waschen und bügeln, bitte.	1 Seis camisas, lavar y planchar, por favor.
2 Wie lang dauert das?	2 ¿Cuánto tardará?
3 Und Expreß geht es bis morgen?	3 *¿Estará para mañana en limpieza exprés?*
4 Macht das im Preis viel aus?	4 ¿Hay mucha diferencia de precio?
5 Und das bitte reinigen: ein Anzug, ein Regenmantel, ein Kleid, ein Anorak.	5 Y esto para limpiar: un traje, un impermeable, un vestido y un anorak.

6 Wann kann ich die Sachen ab-
holen?

Beim Schuster

1 Ein Paar Ledersohlen, bitte.

2 Schauen Sie, hat es einen Sinn,
die nochmal zu richten?
3 Machen Sie bitte dünne
Gummiabsätze drauf.
4 Dann brauche ich noch Schnür-
senkel und farblose Schuh-
creme.

Auf der Post

1 Bitte zehn Dreißiger (Briefmarken zu 30 Pfennig).
2 Den Brief bitte einschreiben.
3 Und den hier per Eilboten.
4 Geht das als Päckchen oder ist
es zu schwer?
5 Sind die Zahlkarten richtig
ausgefüllt?

6 Und hier habe ich eine Post-
anweisung für Spanien.
7 Ist etwas für mich postlagernd
da? Hier, mein Ausweis.

6 ¿Cuándo puedo recoger las
cosas?

En el zapatero

1 Medias suelas de cuero, por
favor.
2 Mire Vd. ¿vale la pena arre-
glarlos otra vez?
3 Haga el favor de ponerles
tacones de goma delgados.
4 Necesito además cordones y
betún incoloro.

En Correos

1 Por favor, diez sellos de una
cincuenta (pesetas).
2 La carta certificada.
3 Y ésta urgente.
4 ¿Puede mandarse como paquete o pesa demasiado?
5 *¿Ha rellenado bien las «tarje-
tas de pago»* [formularios que
se emplean en Alemania para
realizar pagos a personas o
entidades que poseen una
cuenta corriente en Correos.
Muy utilizados por ser los
derechos más bajos que para el
giro postal].
6 Y aquí tengo un giro postal
para España.
7 ¿Hay algo para mí en lista?
Aquí tiene mi documento de
identidad.

Fernamt und Telegrafenamt

1 Ist dort die Telegrammaufnahme?

2 Bitte ein (vollbezahltes) Telegramm nach Madrid.

3 Hier ist München 22 48 79 (zwo zwo, vier acht, sieben neun), Wolfgang Halm.

4 Die Adresse: José Díaz Cruz – ich buchstabiere: Josef, Otto, Samuel, Emil ...

5 Das deutsche Buchstabieralphabet:

Anton	Otto
Ärger	Ökonom
Berta	Paula
Cäsar	Quelle
Charlotte	Richard
Dora	Samuel
Emil	Schule
Friedrich	Theodor
Gustav	Ulrich
Heinrich	Übermut
Ida	Viktor
Julius	Wilhelm
Kaufmann	Xanthippe
Ludwig	Ypsilon
Martha	Zacharias
Nordpol	

6 Und der Text: ...

7 Unterschrift: Wolfgang Halm. Wiederholen Sie bitte?

8 Ist dort das Fernamt?

Teléfonos y telégrafos

1 ¿Es ahí telégrafos?

2 Quisiera poner un telegrama a Munich.

3 Aquí es Madrid, 2 27 21 31 (dos, dos siete, dos uno, tres uno), José Díaz Cruz.

4 La dirección es: Wolfgang Halm – deletreo: Historia, Antonio, Lorenzo, Madrid ...

5 El alfabeto español:

Antonio	Navarra
Barcelona	Ñoño
Carmen	Oviedo
Chocolate	París
Dolores	Querido
Enrique	Ramón
Francia	Sábado
Gerona	Tarragona
Historia	Ulises
Inés	Valencia
José	Washington
Kilo	Xiquena
Lorenzo	Yagüe
Llobregat	Zaragoza
Madrid	

6 Y el texto: ...

7 Firma: José Díaz Cruz. ¿Quiere repetir, por favor?

8 ¿Hablo con conferencias internacionales?

9 Bitte ein Gespräch nach Madrid 2 27 21 31 (zwo, zwo sieben, zwo eins, drei eins).	9 Por favor, quiero conferencia con Munich, número 22 48 79 (dos dos, cuatro ocho, siete nueve).
10 Dauert das lang?	10 ¿Hay demora?
11 Was heißt »unbestimmte Wartezeit«? Über vier Stunden?	11 ¿Qué significa «demora indeterminada»? ¿Más de cuatro horas?
12 Ich habe ein Gespräch nach Madrid angemeldet.	12 He pedido conferencia con Munich.
13 Dauert es noch lange? Dann streichen Sie es bitte!	13 ¿Tardará mucho aún? ¡Entonces, anúlela!
14 Bitte ein Gespräch mit persönlicher Voranmeldung für Herrn José Díaz Cruz.	14 Por favor, un aviso de conferencia con D. Wolfgang Halm.

Am Telefon	*En el teléfono*
1 (Ich rufe an:) Bitte Herrn Meier.	1 (Llamo:) Por favor, ¿el Sr. Meier?
2 Verbinden Sie mich bitte mit Herrn Meier.	2 Póngame con el Sr. Meier.
3 Ich möchte gern Herrn Direktor Müller sprechen.	3 Quisiera hablar con el director Müller.
4 Wann kann ich ihn am besten erreichen?	4 ¿Cómo podría localizarle?
5 Könnten Sie ihm etwas bestellen/ausrichten? (Vgl. S. 21/22)	5 ¿Podría darle un recado? (Véase p. 21/22)
6 Oder könnte er vielleicht zurückrufen?	6 ¿O podría quizá llamarme?
7 Wollen Sie meine Nummer notieren?	7 ¿Quiere anotar mi número?
8 Ich bin den ganzen Tag unter Nummer 26 64 78 zu erreichen.	8 Puede llamarme todo el día al número 26 64 78.
9 (Ich werde angerufen:) Hier Wagner.	9 (Me llaman:) Wagner, dígame.

10	Wen wollen Sie sprechen? Herrn Moll?	10	¿Con quién quiere hablar? ¿Con el Sr. Moll?
11	Er kann gerade nicht an den Apparat.	11	En este momento no puede ponerse.
12	Könnten Sie später noch einmal/nochmal anrufen?	12	¿Podría volver a llamar más tarde?
13	Ich kann gern etwas bestellen/ausrichten.	13	Si lo desea, con mucho gusto puedo dar el recado.
14	Wie war Ihr Name, bitte?	14	¿Cómo ha dicho que se llamaba?
15	Einen Moment, bleiben Sie am Apparat, er kommt gerade.	15	Un momento, no se retire, viene en seguida.
16	Ich gebe Ihnen Herrn Moll, einen Augenblick.	16	¡Le paso al Sr. Moll, un momento!
17	Er kommt gleich selbst an den Apparat.	17	En seguida se pone él mismo.

Beim Friseur / En la peluquería

1	Rasieren, bitte.	1	Afeitar, por favor.
2	Schneiden, bitte.	2	Cortar el pelo.
3	Nein, nicht waschen. Sie sind frisch gewaschen.	3	No, lavar no. Está recién lavado.
4	Ziemlich kurz, aber hinten und an den Seiten nicht zuviel weg, bitte!	4	Bastante corto, pero haga el favor de no cortar mucho de atrás y de los lados.
5	Ohne Scheitel, bitte, alles nach hinten.	5	Sin raya, por favor, todo hacia atrás.
6	Waschen, schneiden und legen, bitte.	6	Lavar, cortar y marcar, por favor.
7	Nur ein wenig nachschneiden, bitte.	7	Corte sólo un poco.
8	Sie sehen ja, wie ich es hatte.	8	Ya ve cómo lo tenía.
9	Bitte ja nicht zu kurz auf der Seite.	9	Por favor, no demasiado corto por los lados.
10	Ja, ich glaube, so ist es gut.	10	Sí, creo que así está bien.

In der Apotheke, in der Drogerie

1 Bitte etwas gegen Kopfschmerzen (Magenschmerzen).

2 Etwas gegen Fieber (Grippe), bitte.

3 Bitte ein leichtes Schlafmittel (ein Beruhigungsmittel, Reisetabletten).

4 Bitte ein leichtes Abführmittel.

5 Bitte etwas gegen Durchfall (Brechdurchfall).

6 Bitte eine elastische Binde.

7 Ein Päckchen Hansaplast.

8 Eine Rolle Leukoplast und Verbandmull.

9 Ich hätte gern eine Sonnenschutzcreme, ein Sonnenöl ...

10 eine Sonnenbrille

11 eine Zahnbürste, Zahnpasta/ Zahncreme

12 ein Mundwasser

13 eine desodorierende Seife, einen desodorierenden Stift

14 einen Hautpuder, einen desodorierenden Puder

15 Rasierklingen, eine Rasierseife, ein Rasierwasser

16 ein Rasierwasser für die Trockenrasur

17 einen Lippenstift

18 einen Puder, ein flüssiges Make-up/einen flüssigen Puder

En la farmacia, en la droguería

1 Por favor, déme algo contra el dolor de cabeza (dolor de estómago).

2 Algo contra la fiebre (gripe).

3 Por favor, un somnífero ligero (un calmante, pastillas contra el mareo).

4 Por favor, un laxante ligero.

5 Por favor, algo contra la diarrea (la colerina).

6 Por favor, una venda elástica.

7 Un paquete de tiritas.

8 Un rollo de esparadrapo y gasa.

9 Quisiera una crema protectora del sol, aceite para el sol

10 unas gafas de sol

11 un cepillo de dientes, una pasta dentífrica/crema dentífrica

12 un elixir bucal

13 un jabón desodorante, un lapicero desodorante

14 polvos, polvos desodorantes

15 una cuchilla, un jabón de afeitar, una loción para el afeitado

16 una loción para el afeitado con rasuradora eléctrica

17 un lápiz de labios

18 unos polvos, una crema de maquillaje

19 eine Nagelschere, eine Nagelfeile, ein Nagelnecessaire	19 una tijera para las uñas, una lima para las uñas, un neceser para las uñas
20 einen Nagellack, einen Nagellackentferner	20 una laca de uñas, un quitaesmalte de uñas
21 eine Wimperntusche	21 rímel
22 ein Shampoo, Lockenwickel	22 un champú, unos rulos
23 einen Haarfestiger.	23 una laca para el pelo (un spray).

Beim Arzt

1 Ich möchte mich gern untersuchen lassen.
2 Ich habe hier Schmerzen.
3 Ich möchte sicher sein, daß nichts gebrochen ist.
4 Können Sie mir etwas verschreiben?
5 Muß ich irgendwie mit dem Essen vorsichtig sein?
6 Darf ich so Auto fahren (baden, Tennis spielen)?
7 Was kann man dagegen machen?

Beim Zahnarzt

1 Mir ist hier eine Plombe/Füllung herausgebrochen.
2 Ich habe sonst nie etwas mit den Zähnen/an den Zähnen.
3 Ich habe hier plötzlich Schmerzen.
4 Es tut weh, wenn ich etwas Heißes (Kaltes, Süßes) esse.

En el médico

1 Desearía que me hiciese un reconocimiento.
2 Tengo dolores aquí.
3 Quisiera estar seguro de que no se ha roto nada.
4 ¿Puede recetarme algo?
5 ¿Tengo que tener algún cuidado con las comidas?
6 ¿Puedo conducir en este estado (bañarme, jugar al tenis)?
7 ¿Qué se puede hacer?

En el dentista

1 Se me ha salido un empaste de aquí.
2 Por lo demás, nunca he tenido nada en los dientes.
3 De repente, me duele aquí.
4 Duele cuando tomo caliente (frío, dulce).

5	Ich glaube, es ist neben der Krone.	5	Creo que es junto a la corona.
6	Das Zahnfleisch blutet leicht.	6	La encía sangra un poco.
7	Der Zahn / die Wurzel muß gezogen werden.	7	Hay que sacar la muela / la raíz.

Lebenslauf, Familie

(Es handelt sich um Gesprächssätze, nicht um die stereotypen Formulierungen des schriftlichen Lebenslaufs.)

Curriculum vitae, familia

(Se trata de frases de una conversación y no de los clichés de un curriculum vitae por escrito).

1	Ich bin in München geboren.	1	Nací en Munich.
2	Ich bin auf dem Land/in der Stadt aufgewachsen.	2	Me crié en el campo/en la ciudad.
3	Ich war ein paar Jahre im Internat.	3	Pasé unos años en un internado.
4	Mit 18 habe ich (das) Abitur gemacht.	4	A los dieciocho años terminé el bachiller.
5	Dann habe ich in München und Berlin studiert.	5	Después estudié en Munich y Berlín.
6	Ich bin auf die Universität/die Uni gegangen.	6	Fui a la Universidad.
7	Mein Bruder hat an der TH studiert. (sprich: Te-Há)	7	Mi hermano estudió en una escuela técnica superior.
8	Zwischendurch war ich ein Jahr in England.	8	Entretanto, estuve un año en Inglaterra.
9	Ich habe dann noch meinen Doktor gemacht.	9	Después hice mi tesis doctoral.
10	Ich habe dann noch promoviert.	10	Posteriormente conseguí mi doctorado.
11	Meine Frau habe ich in London kennengelernt.	11	Conocí a mi mujer en Londres.
12	Ihre Eltern waren ja nicht so ganz einverstanden, aber ...	12	Sus padres no estaban del todo de acuerdo, pero ...

13 Ich habe ziemlich jung ge- heiratet.	13 Me casé bastante joven.
14 Und jetzt sind die Kinder auch schon wieder so groß.	14 Y ahora los hijos son ya tam- bién tan mayores.
15 Wie die Zeit vergeht!	15 ¡Cómo pasa el tiempo!
16 Meine Älteste will sich an Weihnachten verloben.	16 Mi hija mayor quiere prome- terse en Navidad.
17 Ich weiß ja nicht..., sie ist noch sehr jung.	17 No sé..., es aún muy joven.
18 Ich finde, sie sollte erst mal fertigmachen.	18 Creo que primero debería ter- minar algo.
19 Irgendeinen Abschluß sollte sie schon haben.	19 Debería tener algo terminado.
20 Mein Sohn weiß noch nicht genau, was er will.	20 Mi hijo todavía no sabe exac- tamente lo que quiere.
21 Eine Zeitlang wollte er Lehrer werden.	21 Una temporada quería ser pro- fesor.
22 Das habe ich ihm ausgeredet.	22 Yo le quité esa idea.
23 Es ist schwierig, er ist so viel- seitig begabt.	23 Es difícil, pues tiene talento para muchas cosas.
24 Aber es hat ja noch Zeit.	24 Pero hay todavía tiempo.
25 Auf jeden Fall soll er ein Jahr nach Amerika.	25 En todo caso, el año que viene quiero que vaya a América.
26 Vielleicht kann er ein Stipen- dium bekommen.	26 Quizá pueda conseguir una beca.
27 Meiers erwarten das dritte Kind.	27 Los Meier esperan el tercer hijo.
28 Die Kinder sind wirklich gut erzogen.	28 Los niños están francamente bien educados.
29 Sie verbieten ihnen nicht zu- viel, aber sie lassen ihnen auch nicht alles durchgehen.	29 No les prohiben demasiado, pero tampoco les permiten todo.

30 Kinder müssen wissen, wo eine Grenze ist.	30 Los niños deben saber dónde está el límite.
31 Sie können ruhig frech sein, aber nicht ungezogen.	31 Está bien que sean traviesos pero no mal educados.
32 Zu brav ist ja auch nichts!	32 Tampoco es conveniente que sean demasiado formales.
33 Wenn Besuch da ist, produzieren sie sich natürlich gern.	33 Naturalmente, cuando hay visita les gusta darse importancia.
34 Aber richtig aufdringlich sind sie nie.	34 Pero nunca llegan a ponerse pesados.

Feste, Glückwünsche, Anteilnahme	*Fiestas, felicitaciones, pésame*
1 Alles Gute zum Neuen Jahr!	1 ¡Feliz Año Nuevo!
2 Prosit Neujahr! (beim Anstoßen)	2 ¡Salud en el Nuevo Año! (al brindar)
3 Frohe Ostern/fröhliche Ostern!	3 *¡Alegre Pascua de Resurrección!*
4 Schöne/frohe Feiertage! (an Ostern, Pfingsten, Weihnachten)	4 ¡Felices fiestas! (En la Pascua de Resurrección, de Pentecostés y Navidad.)
5 Frohe Weihnachten!	5 ¡Felices Navidades!
6 Fröhliche Weihnachten und ein gutes neues Jahr!	6 ¡Felices Navidades y un próspero Año Nuevo!
7 Meinen herzlichsten Glückwunsch zum Geburtstag!	7 ¡Muchas felicidades en el día de su cumpleaños!
8 Herzlichen Glückwunsch zur Verlobung/zur Hochzeit/zum Stammhalter!	8 ¡Enhorabuena! (por los esponsales / la boda / el nacimiento del primer hijo)
9 Mein herzliches Beileid. Aufrichtige Anteilnahme.	9 Le acompaño en el sentimiento.

Freizeit (vgl. Ferien, Urlaub S. 56)

1 Haben Sie ein Hobby?
2 Fotografieren Sie? Machen Sie Dias?
3 Treiben Sie Sport? Treiben Sie Gymnastik?
4 Gehen Sie gern segeln/tanzen/schwimmen/schifahren/bergsteigen/klettern?
5 Lesen Sie gern? Lesen Sie viel?
6 Gehen Sie viel ins Theater?
7 Sammeln Sie auch Briefmarken?
8 Sammeln Sie Platten?
9 Spielen Sie auch selbst? Spielen Sie ein Instrument?
10 Ich gehe für mein Leben gern ins Kino.
11 Am liebsten ist mir ein guter Western/Krimi.
12 Was gibt's denn heute?
13 Wo läuft denn der neue Hitchcock?
14 Meinen Sie, für die Oper gibt's noch Karten?
15. Sicher ist alles ausverkauft.
16 Vielleicht gibt es noch ein paar teure Plätze.
17 Das nächstemal bestellen wir rechtzeitig!
18 Wer singt denn den Figaro? Und wer dirigiert?

Tiempo libre (véase Vacaciones p. 56)

1 ¿Tiene Vd. un hobby?
2 ¿Fotografía Vd.? ¿Hace diapositivas?
3 ¿Practica el deporte? ¿Hace gimnasia?
4 ¿Le gusta navegar a vela/bailar/nadar/esquiar/el montañismo/escalar?
5 ¿Le gusta leer? ¿Lee mucho?
6 ¿Va mucho al teatro?
7 ¿Colecciona también sellos?
8 ¿Colecciona discos?
9 ¿Toca Vd. mismo? ¿Toca un instrumento?
10 Me gusta muchísimo ir al cine.
11 Lo que más me gusta es una buena película del Oeste / una policíaca.
12 ¿Qué ponen hoy?
13 ¿Dónde ponen el nuevo film de Hitchcock?
14 ¿Cree que habrá aún entradas para la Opera?
15 Seguro que están agotadas.
16 Quizá haya todavía alguna cara.
17 La próxima vez las reservaremos a tiempo.
18 ¿Quién canta el Fígaro? ¿Y quién dirige?

19	Gehen Sie mit ins Konzert? Ich habe Karten.	19	¿Viene conmigo al concierto? Tengo entradas.
20	Karajan dirigiert die Berliner (Philharmoniker).	20	Karajan dirige la Filarmónica de Berlín.
21	Geza Anda spielt das Brahms-d-Moll-Konzert.	21	Geza Anda es el solista del concierto en re menor de Brahms.
22	Vorher ist die Es-Dur-Symphonie von Mozart.	22	Antes es la sinfonía en mi bemol mayor de Mozart.
23	Interessieren Sie sich auch für Kammermusik?	23	¿Le gusta también la música de cámara?
24	Was hören Sie am liebsten im Radio?	24	¿Qué es lo que más le gusta escuchar en la radio?
25	Heute abend kommt im 2. Programm ein Hörspiel.	25	Esta noche radian en el segundo programa un guión radiofónico.
26	Vorher ist die Übertragung vom Länderspiel Deutschland–Spanien.	26	Antes transmiten el partido internacional Alemania contra España.
27	Ich höre eigentlich wenig Radio, nur die Nachrichten und den Wetterbericht.	27	En realidad escucho poco la radio, solo las noticias y el parte meteorológico.
28	Ich verstehe nicht, wie sich manche Leute den ganzen Tag berieseln lassen.	28	No comprendo cómo mucha gente puede estar todo el día con la radio puesta.
29	Mein Bruder könnte gar nicht ohne Radio sein!	29	¡Mi hermano no podría pasarse sin la radio!
30	Was halten Sie vom Fernsehen?	30	¿Qué opina de la televisión?
31	Manchmal kommen recht interessante Dinge.	31	A veces vienen cosas muy interesantes.
32	Vor allem das Studienprogramm/das 3. Programm finde ich sehr gut.	32	Sobre todo el tercer programa lo encuentro estupendo.

33 Haben Sie neulich die Sendung über Frankreich gesehen?

33 ¿Vió hace poco la emisión sobre Francia?

Ferien, Urlaub

Vacaciones

1 Wir gehen in Urlaub, wenn die Kinder Ferien haben.

1 Vamos de vacaciones cuando los hijos no tienen clase.

2 Ich möchte nur ausspannen, ich habe es nötig.

2 Quisiera sólo descansar, lo necesito.

3 Eine ganze Woche lang (jeden Tag) ausschlafen!

3 ¡Poder dormir lo que se quiere toda una semana (cada día)!

4 Wir wollen es diesmal gemütlich machen.

4 Esta vez vamos a tomárnoslo con calma.

5 Wir haben schon bei einem Reisebüro gebucht.

5 Hemos hecho ya las reservas en una agencia de viajes.

6 Da braucht man sich um nichts weiter zu kümmern.

6 Así ya no hay que preocuparse de nada.

7 Wir fliegen, da verlieren wir nicht soviel Zeit.

7 Iremos en avión y así no perdemos tanto tiempo.

8 Meine Frau möchte gern etwas sehen.

8 A mi mujer le gustaría ver algo.

9 Wir fahren mit dem Auto, dann ist man unten beweglicher. (»unten« = südlich; »oben«, »droben« = nördlich; »drüben« = östlich oder westlich)

9 Iremos en coche y así en el sur nos podremos mover con más facilidad.

10 Wir haben viel vor in den Ferien.

10 Tenemos muchos planes para las vacaciones.

11 Wir wollen bis nach Sizilien runter.

11 Queremos ir hasta Sicilia.

12 Ich glaube, wir schaffen es in vier Tagen, wenn nichts dazwischenkommt.

12 Creo que lo conseguiremos en cuatro días si no tenemos imprevistos.

13 Das nächste Mal wollen wir die Riviera machen.	13 La próxima vez queremos ir a la Riviera.
14 Mein Sohn will mit dem Motorrad nach Griechenland.	14 Mi hijo quiere ir a Grecia en moto.
15 Er ist recht unternehmungslustig.	15 Es muy emprendedor.
16 Wir wollen dieses Jahr wieder campen.	16 Este año volveremos a ir a un camping.
17 Vielleicht kaufen wir sogar einen Wohnwagen.	17 Tal vez compremos incluso un remolque vivienda.
18 Bisher sind wir immer mit dem Zelt gefahren.	18 Hasta ahora siempre hemos ido con la tienda de campaña.
19 Es gibt ja jetzt wirklich herrliche Campingplätze!	19 Ahora hay campings verdaderamente estupendos.
20 Und man ist völlig unabhängig von Hotels!	20 ¡No se depende de los hoteles!
21 Das ist doch kein Urlaub für Ihre Frau, wenn sie sich wieder um alles kümmern muß?	21 Eso no serían vacaciones para su mujer, si también tiene que ocuparse de todo.
22 Ja, schon, aber mit Kindern ist es einfach ideal!	22 Es verdad, pero con los hijos ¡es francamente ideal!

Auto

Coche

1 Bekomme ich als Ausländer eine Zollnummer?	1 ¿Tengo derecho a matrícula turística por ser extranjero?
2 Wie lange kann ich mit der Zollnummer fahren?	2 ¿Cuánto tiempo puedo ir con la matrícula turística?
3 Für die kurze Zeit ist vielleicht ein Leihwagen günstiger.	3 Para un tiempo tan corto quizá resulte mejor alquilar un coche.
4 Geht das nach Tagen pauschal oder nach Kilometern?	4 ¿Cobran una cantidad al día o por kilómetros?
5 Bitte voll/volltanken.	5 Lleno, por favor.

6 Bitte für 10 Mark.	6 Por 200 pesetas, por favor.
7 Schauen Sie/sehen Sie bitte das Öl nach.	7 ¿Quiere mirar el aceite?
8 Sehen Sie bitte die Luft nach: vorne 1,2 (eins Komma zwei/ eins-zwei), hinten 1,4.	8 Me hace el favor de mirar el aire: adelante 1,2 (uno coma dos), atrás 1,4.
9 Geben Sie mir eine Biluxlampe mit, nur für alle Fälle.	9 Déme una lámpara bilux, sólo por si acaso.
10 Haben Sie Original-Ersatz-teile?	10 ¿Tiene piezas de recambio originales?
11 Können Sie sie besorgen?	11 ¿Podría conseguirlas?
12 Gibt es hier keine VW-Werk-stätte?	12 ¿Hay aquí un taller de la casa Volkswagen?
13 Können Sie mir den 20 000er (Kundendienst) machen?	13 *¿Puede hacer la inspección de los 20 000 kilómetros?*
14 Schauen Sie doch bitte mal nach, was da fehlt.	14 Mire a ver qué es lo que le pasa.
15 Da klappert doch etwas!	15 ¡Hay algo que traquetea!
16 Das muß noch auf Garantie gehen!	16 ¡Eso tiene que cubrirlo la garantía!
17 Das ist wirklich ein prak-tischer Wagen.	17 Es un coche verdaderamente práctico.
18 Es geht viel rein, und man sitzt recht bequem.	18 Cabe mucho y se va muy cómodamente sentado.
19 Im Verbrauch und so ist er sehr sparsam.	19 Consume muy poco.
20 Für das Geld kann man nicht mehr verlangen.	20 Por ese dinero no se puede pedir más.
21 Das muß man den Franzosen schon lassen: Autos können sie bauen!	21 ¡Hay que reconocer que los franceses saben construir coches!
22 Ehrlich gesagt, ich pflege ihn überhaupt nicht.	22 Sinceramente no lo cuido en absoluto.
23 Er läuft, das ist die Haupt-sache!	23 Funciona, que es lo principal.

Unfall	*Accidente*
1 Entschuldigen Sie, ich hatte Sie nicht rechtzeitig gesehen.	1 Perdone, no le he visto a tiempo.
2 Hier sind meine Papiere, wollen Sie sich alles notieren?	2 Aquí tiene mi documentación. ¿Quiere anotar todo?
3 Ich melde es gleich meiner Versicherung.	3 Avisaré inmediatamente a mi compañía de seguros.
4 Wollen Sie die Polizei holen?	4 ¿Quiere llamar a la policía?
5 Ich glaube, wir können uns so einigen.	5 Creo que podemos ponernos de acuerdo sin ella.
6 Ist ja nur ein kleiner Blechschaden.	6 Sólo se trata de un pequeño desperfecto en la chapa.
7 Ist Ihnen klar, daß ich hier Vorfahrt habe?	7 ¿Se da cuenta de que aquí tenía preferencia yo?
8 Geben Sie zu, daß Sie eindeutig schuld sind?	8 ¿Reconoce que la culpa es suya?
9 Der Herr da hat es doch auch gesehen!	9 ¡El señor este también lo ha visto!
10 Ich habe doch genug Zeugen!	10 ¡Tengo testigos suficientes!
11 Also nein, so etwas ist mir doch noch nicht vorgekommen!	11 ¡Nunca me ha ocurrido una cosa semejante! ¡Increíble!
12 Sie rasen da wie ein Verrückter, und dann wollen Sie mir auch noch die Schuld geben!	12 ¡Conduce como un loco y luego quiere echarme la culpa!
13 Soll ich die Funkstreife holen?	13 ¿Llamo a la patrulla de policía?
14 Nun regen Sie sich nicht auch noch auf!	14 ¡No se excite Vd.!
15 Die Polizei wird das schon klären.	15 La policía lo aclarará.
16 Ist Ihnen etwas passiert?	16 ¿Le ha pasado algo?
17 Sind Sie verletzt?	17 ¿Está herido?
18 Bitte bleiben Sie ganz ruhig liegen!	18 ¡Por favor, no se mueva Vd.!

19 Bitte rufen Sie schnell das Rote Kreuz!	19 Telefonee inmediatamente a la Cruz Roja.
20 Stehen Sie doch bitte nicht hier herum, Sie behindern doch nur die Sanitäter!	20 ¡Por favor, no se amontonen aquí que no hacen más que estorbar a los enfermeros!

Reise mit der Bahn — *Viaje en ferrocarril*

1 Welches ist die beste Bahnverbindung nach Madrid?	1 ¿Cuál es la mejor combinación para ir a Madrid?
2 Geht das direkt oder muß ich umsteigen?	2 ¿Es directo o hay que hacer transbordo?
3 Wie lange hat man da Aufenthalt?	3 ¿Cuánto tiempo para allí?
4 Und auf der anderen Strecke hat man sofort Anschluß?	4 ¿Y en el otro trayecto no hay que esperar para hacer transbordo?
5 Notieren Sie mir bitte Abfahrt und Ankunft.	5 Anóteme la hora de salida y de llegada.
6 Geben Sie mir Schlafwagen/ Liegewagen.	6 Déme coche cama/coche de literas.
7 Geben Sie mir bitte eine Platzkarte.	7 Déme un asiento con reserva.
8 Zweimal München einfach, bitte.	8 Dos billetes de ida (o: de vuelta) a Munich.
9 Einmal Stuttgart und zurück.	9 Uno de ida y vuelta a Stuttgart.
10 Einmal erster (Klasse) Stuttgart.	10 Uno de primera (clase) a Stuttgart.

Flugreise — *Viaje en avión*

1 Ich möchte für Sonntag Madrid buchen.	1 Desearía reservar para Madrid el domingo.
2 Fliegt Iberia oder Lufthansa?	2 ¿Es la Iberia o la Lufthansa?
3 Gut, fliegen wir mit Iberia.	3 ¡Bueno, volemos con Iberia!

4 Können Sie den Rückflug auch gleich bestätigen, für den 24.?	4 ¿Puede confirmarme ahora mismo la vuelta para el 24?
5 Ist wirklich alles ausgebucht?	5 ¿Está de verdad todo reservado?
6 Und wie sieht es mit der Warteliste aus?	6 ¿Y qué hay de la lista de espera?

In der fremden Stadt   *En una ciudad desconocida*

1 Bitte einen Führer von München, mit Stadtplan.	1 Por favor, una guía de Madrid con el plano de la ciudad.
2 Entschuldigen Sie, kennen Sie sich hier aus?	2 Perdone, ¿conoce Vd. la ciudad?
3 Ich glaube, ich habe mich verlaufen.	3 Creo que me he equivocado de camino.
4 Ich möchte zur Alten Pinakothek/zum Bahnhof.	4 Quisiera ir a la Antigua Pinacoteca/a la estación.
5 Verzeihung, welche Straßenbahn geht zur Oper?	5 Perdone, ¿qué tranvía va a la Opera?
6 Fährt der Bus nach Nymphenburg?	6 ¿Va el autobús al Prado?
7 Wie komme ich am schnellsten zum Flughafen?	7 ¿Cuál es la forma más rápida de ir al aeropuerto?
8 Kommen Sie mit? Ich sehe mir den Dom an.	8 ¿Viene conmigo? Voy a ver la catedral.
9 Ich gehe in die Oper/in eine Ausstellung.	9 Voy a la Opera/a una exposición.
10 Ich gehe ins Museum/ins Theater/ins Kino.	10 Voy al museo/al teatro/al cine.
11 Ich möchte nur ein bißchen bummeln.	11 Quería sólo pasear un poco.
12 Kommen Sie, wir machen einen kleinen Stadtbummel.	12 Venga, vamos a dar una vuelta por la ciudad.
13 Ich bin schon länger hier.	13 Hace tiempo que estoy aquí.

14	Es gefällt mir gut hier.	14	Me gusta mucho esto.
15	Ich habe mich sehr gut eingelebt.	15	Me he aclimatado muy bien.
16	Sogar ans Klima habe ich mich gewöhnt.	16	Me he acostumbrado incluso al clima.
17	Ich möchte gar nicht mehr weg.	17	No quisiera marcharme.
18	Ich finde die Stadt schrecklich.	18	La ciudad me parece horrorosa.
19	Ich bin froh, wenn ich wieder zu Hause bin.	19	Me alegro de poder estar otra vez en casa.
20	Ich möchte nicht für immer hier sein.	20	No me gustaría tener que vivir aquí siempre.

Polizei, Justiz, Verwaltung — *Policía, justicia, administración*

1	Muß ich das wirklich alles ausfüllen?	1	¿Tengo que rellenar todo esto?
2	Name – Vorname – Geburtsdatum	2	Apellido – nombre – fecha de nacimiento
3	Geburtsort	3	Lugar de nacimiento
4	Familienstand: verh. = verheiratet, led. = ledig, verw. = verwitwet, gesch. = geschieden	4	Estado civil: casado, soltero, viudo, divorciado
5	Staatsangehörigkeit – Reisepaß-Nr.	5	Nacionalidad – pasaporte número ...
6	Beruf – ständiger Wohnsitz.	6	Profesión – domicilio habitual
7	Die Nummer weiß ich leider nicht auswendig.	7	Lo siento, pero no sé el número de memoria.
8	Ich habe dummerweise meine Papiere im Hotel/im Wagen.	8	Lo lamento, pero me he dejado la documentación en el hotel/en el coche.

9	Ich bin mit dieser Behandlung nicht einverstanden!	9	¡No estoy de acuerdo con que me traten así!
10	Es muß alles ein Irrtum sein!	10	¡Tiene que ser todo un error!
11	Ich werde mich beschweren!	11	¡Me quejaré!
12	Sie verwechseln mich sicher!	12	¡Seguro que me confunde!
13	Verständigen Sie bitte sofort den spanischen Konsul!	13	¡Avise inmediatamente al cónsul alemán!
14	Ich verlange, daß Sie mich mit dem Konsul sprechen lassen!	14	¡Exijo que me dejen hablar con el cónsul!
15	Sie können doch nicht einfach das Auto beschlagnahmen!	15	¡No pueden incautarse del coche así por las buenas!
16	Zuerst haben sie mich auf der Polizei vernommen.	16	Primero me han interrogado en la policía.
17	Sie haben mich für einen lang gesuchten Schmuggler gehalten.	17	Me han tomado por un contrabandista que buscaban hace tiempo.
18	Beim Untersuchungsrichter hat sich alles aufgeklärt.	18	Ante el juez de instrucción se ha aclarado todo.
19	Inzwischen hatten sie meine Papiere geholt.	19	Entretanto habían ido a buscar mi documentación.